FALKEN SACHBUCH

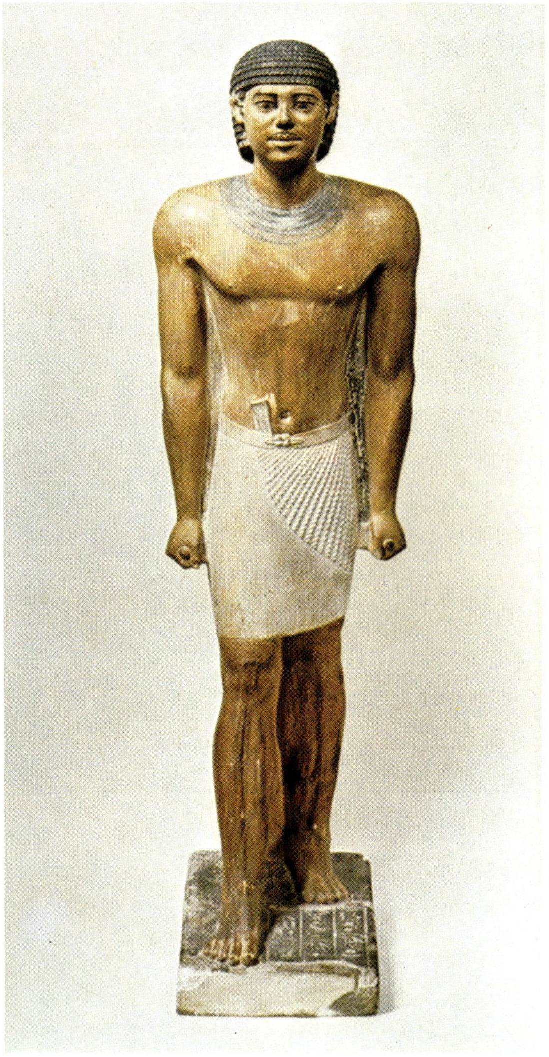

Eva Andersen

Makramee
als Kunst und Hobby

FALKEN VERLAG

Allen, die mich bei meiner Arbeit an diesem Buch unterstützt haben, möchte ich herzlich danken, vor allem
Frau Dr. Sylvia Powels, Freie Universität Berlin;
Herrn Dr. Arne Eggebrecht, Roemer- und Pelizaeus-Museum Hildesheim;
Miss Santina M. Levey, Victoria & Albert Museum London;
Herrn Dr. J. E. Reade, Britisches Museum London;
Frau Dr. Leonie von Wilckens, Germanisches Nationalmuseum Nürnberg;
Frau Dr. Ruth Grönwoldt, Württembergisches Landesmuseum Stuttgart;
Frau Ruth Gasthaus, Textilmuseum Krefeld;
Frau Brigitte Majlis, Rautenstrauch-Joest-Museum Köln;
Herrn Jürg Simonett, Rätisches Museum Chur (Schweiz);
Herrn Dr. Bodo Hedergott, Herzog Anton-Ulrich-Museum Braunschweig;
Museum für Völkerkunde Berlin-Dahlem;
Louvre Paris;
National Gallery of Victoria Melbourne (Australien);
Rijksmuseum Amsterdam;
Verlag Klinkhardt & Biermann Braunschweig;
Frau Hilda Gerner sowie vielen Freunden und Bekannten, die mir ihre Makramee-Arbeiten und ihre Wohnungen für Fotoaufnahmen zur Verfügung stellten.

CIP-Kurztitelaufnahme der Deutschen Bibliothek

Andersen, Eva:
Makramee als Kunst und Hobby / Eva Andersen.
- Niedernhausen/Ts.: Falken-Verlag, 1980.
ISBN 3-8068-4085-7

ISBN 3 8068 4085 7

Modelle: Eva Andersen
Erika Kirchmann
Hilda Gerner
Helga Bräcklein
Katharina Uhlenbecker
Zitta Baumgartner
Ute Baumgartner
Henny Dallmer
Ute Walenzki
Blumengestecke: Margret Klarhöfer
Keramik: Lenore Muthesius
Zeichnungen: Günter Schmuck
Fotos: Fritz-Günter Schwarzenberger, Axel Ruske (1)
Satz: Studio Oberländer, 6200 Wiesbaden
Druck: Richterdruck, 8700 Würzburg

817 2635 4453 62

Inhalt

Makramee – eine alte Knüpfkunst

Knoten und Techniken

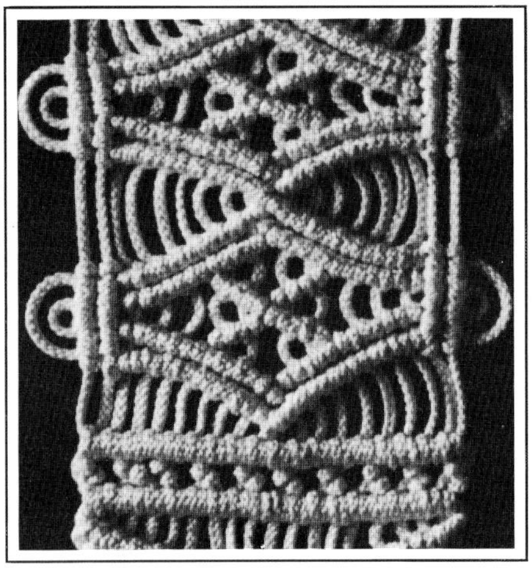

Makramee heute

Makramee – eine alte Knüpfkunst

Noch vor einigen Jahren konnte sich kaum jemand etwas unter „Makramee" vorstellen. Heute ist Makramee als Begriff weithin bekannt und als Handarbeit plötzlich wieder aktuell geworden. Die wenigsten wissen jedoch, wie alt dieses Kunsthandwerk tatsächlich ist.

In diesem Buch soll der Versuch gemacht werden, Makramee – auch als „alte arabische Knüpfkunst" bezeichnet – zurückzuverfolgen bis an die Anfänge altägyptischer Kultur, wo man die Kettfäden kostbarer Teppiche zu Ornamentknoten verknüpfte und über dem Galaschurz einen mit einem Kreuzknoten verknüpften Gürtel trug.

Die Assyrer (900–609 v. Chr.) kleideten sich in tunikaähnliche Gewänder mit verknüpften Fransen. Auch ihre Jagd- und Waffenröcke und sogar ihre Pferdedecken waren mit dichten verknüpften Fransen und dicken Quasten verziert.

Im alten Inka-Reich (1250–1781) kannte man „Quipu", eine Knotenschrift im Dezimalsystem, die vorwiegend aus Überhand- und Kapuzinerknoten bestand.

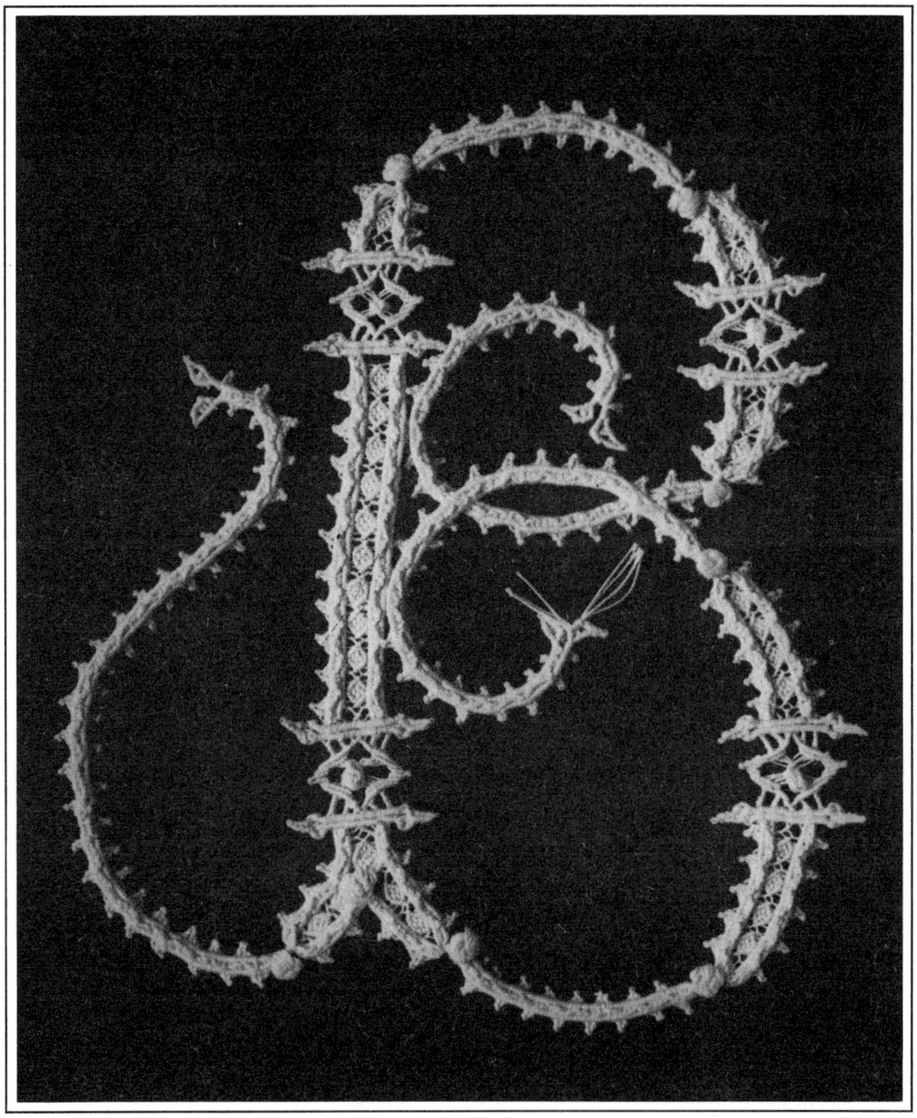

Der Buchstabe B in höchster Vollendung
Rätisches Museum Chur, Schweiz

Im Mittelalter erlebte Makramee, bedingt durch arabische Einflüsse, einen Höhepunkt im südeuropäischen Raum: In Spanien wurden die Mauren ansässig (756–1600), acht Kreuzzüge fanden statt (1096–1270), und der Orienthandel blühte im Mittelmeer, so daß auch die Seeleute einen beträchtlichen Beitrag leisteten. Im Posamentiergewerbe (Posament = Besatzartikel, Borte, Schnur) entstanden – vor allem in Italien – Knüpfarbeiten von unerreichter Feinheit.
In der Neuzeit (ab 1500) wurde Makramee in vielen europäischen Klosterschulen anhand von Mustern gelehrt, die immer wieder kopiert, verändert und neugestaltet wurden. Das entsprechende Kapitel enthält Muster aus fünf verschiedenen Sammlungen (1706-1904), die in ihrer Feinheit einzigartig sind.
Ende des 19. und Anfang des 20. Jahrhunderts kamen neue Techniken hinzu: die „Cavandoli-Technik" in Italien und die „Margarethenspitze" in Deutschland.
Beispiele aus vielen europäischen Museen und aus Privathand sollen deutlich machen, wie vollendet dieses Kunsthandwerk ausgeübt wurde, wie es sich dann allmählich wandelte, großzügiger und großflächiger im Design wurde und sich in seiner vorwiegend funktionellen Art ganz unserer Zeit anpaßte.

Die Herkunft des Wortes Makramee

Für die Etymologie des Wortes „Makramee" kommen zwei Ableitungen in Frage:
Erstens: Die französische Form „macramé" scheint über das Italienische auf das Arabische zurückzugehen: „miqram", männlich = *buntgestickter Vorhang, Bettdecke, Tapete;* „miqrama", weiblich = *gestickter Schleier, Bettücher, Schlafgemach* (Plural „maqārim"). Davon stammt das türkische Lehnwort „maqrame", was *Taschentuch* bedeutet. Das Wort ist von der Wurzel „qrm" = *benagen, knabbern* abgeleitet.
Zweitens: Eine andere mögliche Ableitung geht auf das Wort „mucharram" zurück. Die Wurzel läßt sich bereits im Akkadischen „ḫarāmu" und im Phönizischen „harām" belegen. Im Hebräischen taucht das Verb „hrm" mit der Bedeutung *abschneiden* auf, davon abgeleitet das Substantiv „hērem" = *Masche, Spitzen, Netz.* Die arabische Wurzel „hrm" bedeutet *durchlöchern, perforieren,* davon abgeleitet „taḫrīm", männlich = *Perforierung, Anfertigung von Spitze, Spitzenarbeit;* „taḫrīma", weiblich = *Spitze, durchbrochene Arbeit;* „muharram" = *gelocht, perforiert, durchbrochen gearbeitet.*

Ursprung der Knoten

Je länger man sich mit Makramee befaßt, um so mehr beschäftigt man sich mit der Frage, wo eigentlich der Ursprung dieses alten Kunsthandwerks zu suchen ist.
Knoten gibt es sicherlich, solange es Menschen gibt. Schon der Steinzeitmensch, dessen älteste Spuren man bis ca. 50 000 v. Chr. zurückverfolgen kann (im irakischen Teil Kurdistans), mußte sich in der Phase des Sammlers und Jägers als Nomade und in der späteren Phase des Seßhaftwerdens als Siedler Schlingen und Netze knüpfen, um Tiere und Fische zu fangen, sowie Behälter zur Aufbewahrung seiner Nahrung herstellen. Auch seine Kleidung mußte er in irgendeiner Form zusammenhalten, sein Boot und seine Hütte befestigen. Vermutlich hat der Steinzeitmensch den Überhandknoten – unseren einfachsten Knoten – erfunden, woraus sich dann der Filetknoten entwikkelte.
Beide Knoten entdeckte man noch bei den Eingeborenen auf den Inseln im Stillen Ozean, die erst im 19. Jahrhundert genauer erforscht wurden.
Die dort seßhaften Melanesier waren vorwiegend Grabstockbauer, Jäger und Fischer. Daraus erklären sich auch die verschiedenen von ihnen geknüpften Gegenstände.

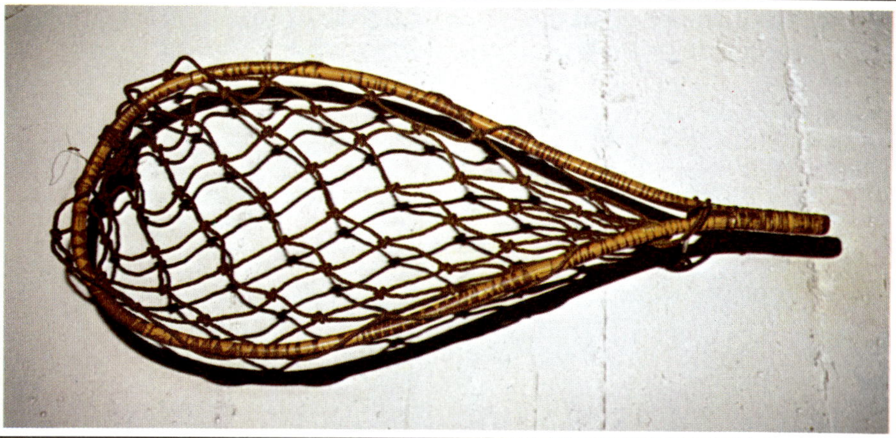

Schweinenetz. Port Morresby, Neuguinea, um 1900
Rautenstrauch-Joest-Museum Köln

In Neuguinea gab es viele Wildschweine, die man mit dem Schweinenetz einfing. Dieses um einen Bambusstab geknüpfte Fangnetz besteht aus Filetknoten.
In Mikronesien kämpfte man in einem aus Kokosnußfasern geknüpften Panzer gegen die Reißwaffen aus Haifischzähnen. Dieser Panzer ist an den Stellen der empfindlichen Körperteile besonders verstärkt. Interessant bei dieser Knüpftechnik ist, daß die Filetknoten-Reihen abwechselnd auf der Vorder- und Rückseite erscheinen. Dadurch erzielte man engere Reihen und eine größere Festigkeit.
Das Haarnetz über dem echten Haar der Maske aus Neukaledonien besteht aus versetzten Filetknoten.
Sehr hübsch sind die kleinen Netztaschen aus Kokosnußfasern, die offenbar für kleinere Besorgungen gedacht waren.

2: Maske mit Haarnetz über echtem Haar. Neukaledonien, um 1900 Rautenstrauch-Joest-Museum Köln

3: Panzer als Schutz gegen Reißwaffen aus Haifischzähnen. Gilbert-Inseln, Mikronesien, um 1900, ca. 160 cm hoch. Rautenstrauch-Joest-Museum Köln

4/5: Netztaschen. Mittlere Salomo-Inseln, bei Neuguinea, um 1900 Rautenstrauch-Joest-Museum Köln

2

3

4

5

Dekorative Knoten in altägyptischer Zeit

Knoten, die einen dekorativen Zweck erfüllen, findet man bereits im alten Ägypten. Die abgebildete Standfigur des Atjema aus einem Beamtengrab der 5. Dynastie (um 2400 v. Chr.) in Sakkâra, die entsprechend dem ägyptischen Idealbild vom Menschen einen auffallend schlanken und athletischen jungen Mann darstellt, soll stellvertretend für alle ähnlichen Beispiele aufgeführt sein. Er trägt über dem plissierten Galaschurz einen mit einem Kreuzknoten verknüpften Gürtel.

Solche Galaschurze wurden im Alten Reich vorwiegend von Göttern und gottähnlichen Wesen getragen, aber auch als Zeichen der Reife eines jungen Mannes – als Eintritt in das Leben – sowie von Verstorbenen, um das Leben nach dem Tode in standesgemäßer Tracht fortsetzen zu können; außerdem wurden Galaschurze immer bei Speisetischszenen angelegt.

Da die Ägypter es aus religiösen und magischen Gründen vermieden haben, Knoten zeichnerisch und plastisch genau wiederzugeben, sind die Proportionen hier etwas verschoben, doch kann man davon ausgehen, daß es sich um den Kreuzknoten handelt. Dieser Knoten, auch Samariter- oder Heraklesknoten genannt, stellt die ideale Verschlingung zweier Bänder dar, weil beide Teile absolut gleichwertig behandelt werden. Er ist in der Hieroglyphe mit dem Lautwert „tsches" wiederzuerkennen. Aus schriftlichen Überlieferungen der Ägypter wissen wir, daß der Ausdruck „tsches medscheh" übersetzt *einen Gürtel umbinden (und verknoten),* bedeutet. Dies war eine feierliche Zeremonie, mit der die ägyptischen Jungen in den Kreis der Erwachsenen aufgenommen wurden.

Man begegnet dem Kreuzknoten auch als Symbol für die Vereinigung von Ober- und Unterägypten, als Amulett und an Schmuckstücken, zum Beispiel als Verschluß eines Colliers oder als Verbindung zweier Stiele von Lotosblüten oder Papyrusdolden.

Im Alten Reich kommt er sogar schon als Verknüpfung der Bänder am Pantherfellumhang vor, am Haarband von kornmahlenden Dienerinnen, zur Befestigung eines Gegengewichts am Halskragen und sehr häufig auch als Verbindung der Schulterbänder an Trägerkleidern von Göttinnen, weniger häufig bei vornehmen Damen.

Einen eher praktischen Zweck dagegen erfüllen die Umknüpfungen zylindrischer Tongefäße, die – an Tragstangen aufgehängt – zum Transport von Öl dienten. Diese Gefäße wurden in Steinnachbildungen zu Zehntausenden in der ältesten Pyramide, der Stufenpyramide von Sakkâra, gefunden, wo sich König Djoser während seiner Regierungs-

Standfigur des Atjema: Galaschurz mit Kreuzknoten, Kalkstein bemalt, Höhe 91 cm, Breite 24 cm, Altes Reich, 5. Dynastie, um 2400 v. Chr., Ägyptisches Museum Kairo

zeit von 2650-2634 v. Chr. eine versteinerte Residenz für sein Leben im Jenseits bauen ließ.
Um welche Knoten es sich dabei handelt, läßt sich nur vermuten – wahrscheinlich um den Überhand- oder Filetknoten. Häufig besteht die Umschnürung auch aus verflochtenen, also nicht verknüpften Fäden. Bei vielen Gefäßen aus dem Alten Reich ist wiederum der Kreuzknoten – aber eher als Zierknoten – deutlich zu erkennen.
Hand in Hand mit der Webkunst entwickelte sich auch die Knüpfkunst – eine ganz natürliche Entwicklung. Die Kettfäden an beiden Enden einer Webarbeit mußten, damit sich die Schußfäden nicht wieder lösten, auf irgendeine Weise miteinander verknüpft werden. Aus diesen Verknüpfungen entstanden im Laufe der Zeit dekorative Knoten.
Eine der ältesten stilisierten Darstellungen solcher Knoten ist das sogenannte „Cheker-Ornament" aus dem Grab des Nacht in Theben (1425 v. Chr.). Die Kettfäden kostbarer Teppiche wurden in Fadenbündeln zu Ornamentknoten verknüpft und dienten gleichzeitig als Aufhängung. Das Cheker-Ornament geht vermutlich bis auf 3000 v. Chr. zurück. Um welche Knoten es sich handelt, läßt sich nicht mit Bestimmtheit sagen.
Eine andere sehr interessante Verknüpfung der Kettfäden wurde in der meroitischen Zeit (1. Jahrtausend n. Chr.) gefunden. Die Zeichnung zeigt, wie die Fadenbündel sehr kunstvoll zu Frivolitéknoten – zweimal nach links hinüber – verknüpft wurden.

1: Hieroglyphe „tsches"

2: Gürtel mit Kreuzknoten

3: Kreuzknoten aus den Stielen zweier Lotosblüten

4: Schulterbänder an Trägerkleidern

5: Kreuzknoten auf der Schulter an Männergewändern

6: Zylindrische Tongefäße mit Umknüpfungen

7: Cheker-Ornament, stilisierte Darstellung der Knoten aus den Kettfäden der Teppiche 1425 v. Chr., Grab des Nacht in Theben

8: Webkante, deren Kettfäden zu Frivolitéknoten verknüpft sind. Meroitische Periode, 1. Jahrtausend n. Chr.

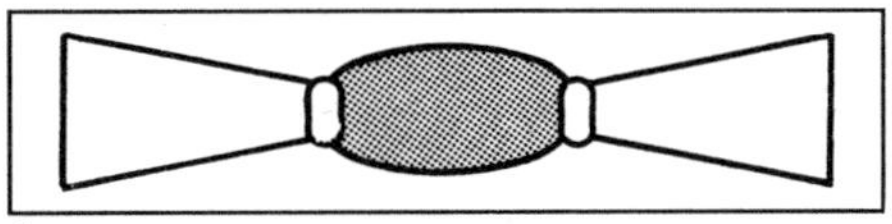
1

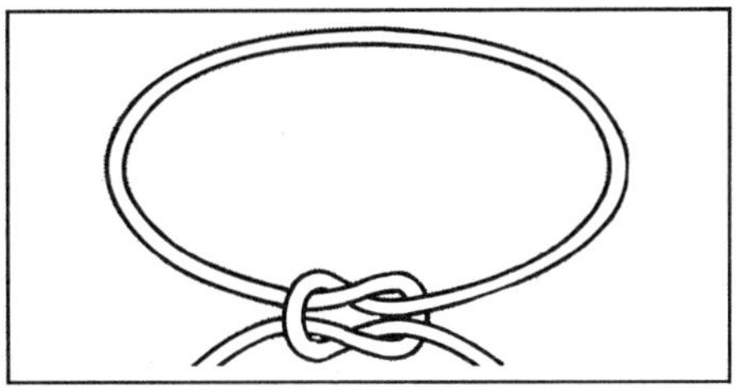
2

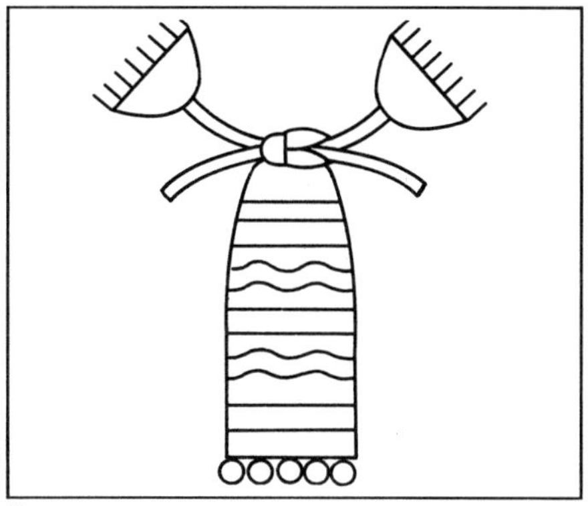
3

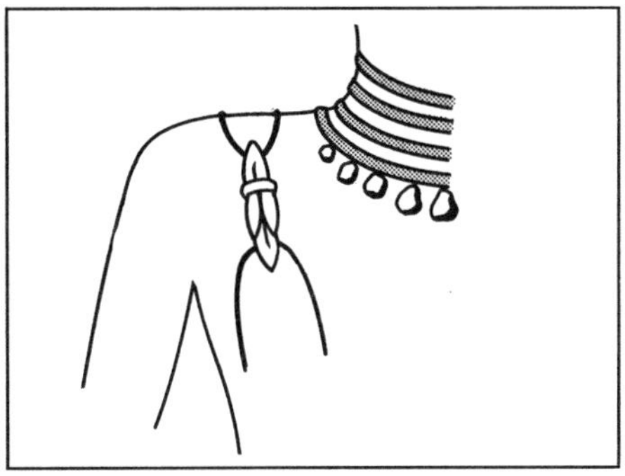
4

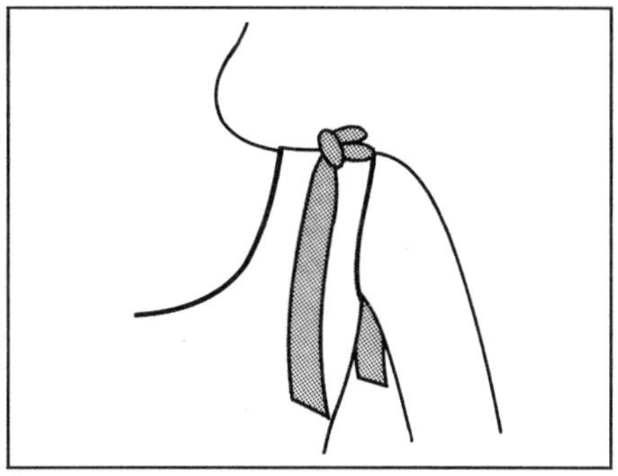
5

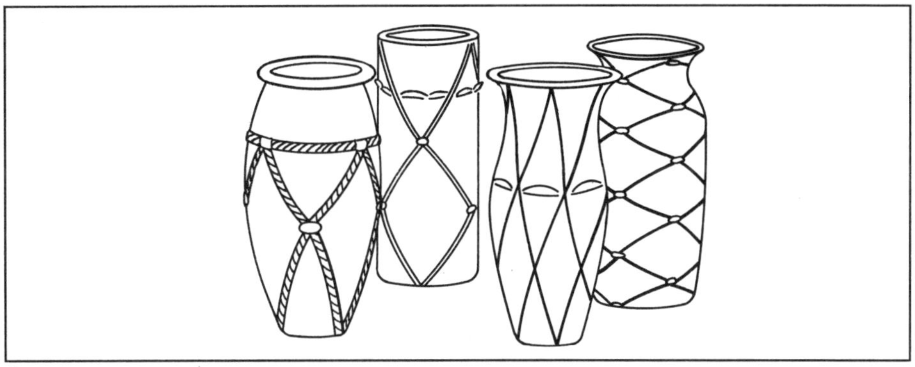
6

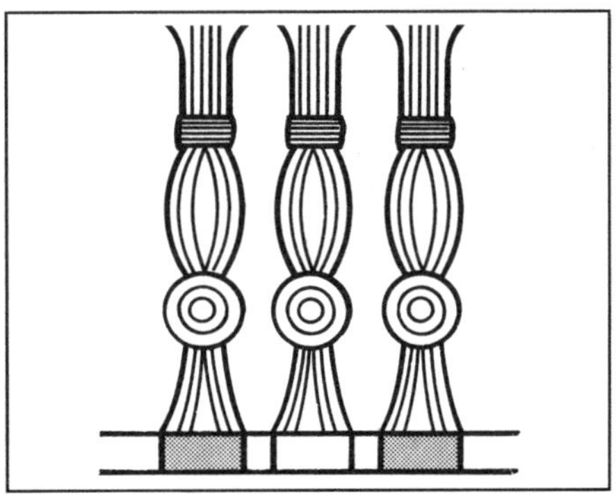
7

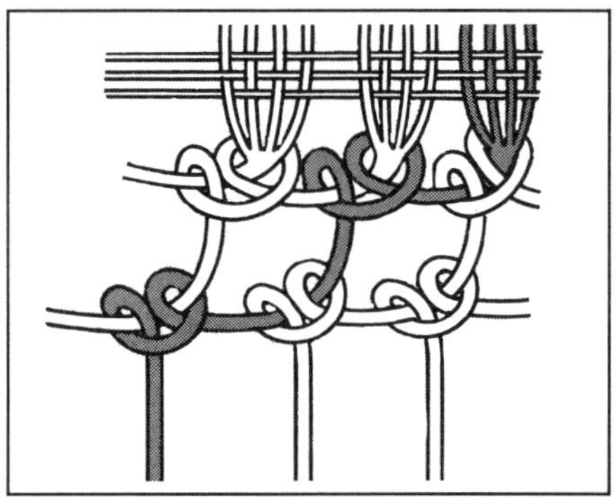
8

Verknüpfte Fransen bei den Assyrern (900–609 v. Chr.)

Assyrien lag im heutigen nördlichen Irak, im Tal des Tigris, und entwickelte sich neben Babylon zu einem bedeutenden Machtfaktor im Alten Orient. Neben der Architektur leisteten die Assyrer Einmaliges vor allem in der Reliefkunst, den sogenannten „Orthostaten-Reliefs" (bis 3 Meter hohe, aufrechtstehende Steinplatten aus Alabaster), die als Wandbekleidung in den Palästen von Nimrud, Khorsabad und Niniveh angebracht waren. Diese enthielten vor allem Jagd- und Kriegsszenen, waren farbig ausgelegt und gelten bis heute, aufgrund ihrer einzigartigen Ausdruckskraft und Präzision, als unerreicht. Ihre ganze Schönheit kann erst bei näherer Betrachtung im Detail erfaßt werden.

Die Assyrer hatten ihre eigene Sprache und entwickelten ihre eigenen Kunstrichtungen, so auch – wie auf den Reliefs deutlich zu erkennen ist – das Knüpfen als Kunsthandwerk. Nicht nur die Könige, sondern deren gesamter Hofstaat bis hin zu den Kriegern und Jägern trugen an ihren tunikaähnlichen Gewändern dichte verknüpfte Fransen, die in vielen Quasten endeten. Sogar die Pferde wurden mit kostbaren Decken geschmückt, die mit reichen Knüpfkanten und dicken, untereinander angeordneten Quastenreihen verziert waren.

Es muß also einen ganzen Berufszweig oder zumindest eine sehr aktive Heimindustrie gegeben haben, die diese Fülle von dekorativen Arbeiten bewältigen konnte. Wie es scheint, wurden die Fransen aus den Kettfäden der Gewebe geknüpft. Da die Knoten stilisiert dargestellt sind, kann man nicht genau sagen, um welche es sich handelt.

Ein markantes Beispiel ist das Relief des Königs Ashurnasipal (883–859 v. Chr.), der viel Kraft, Würde, Majestät

Assyrischer König Ashurnasipal (883–859 v. Chr.), regierte in Niniveh. Sein Gewand ist mit verknüpften Fransen verziert. Britisches Museum London

Offizier (728 v. Chr.), der eine feindliche Stadt beschießt. Sein Waffenrock endet in dicht verknüpften Fransen. Britisches Museum London

und Symbolik ausdrückt. Sein Gewand trägt verknüpfte Fransen mit Quasten am Saum, Umhang und an den Bändern seiner Kopfbedeckung. Die barfüßige Gestalt – ein Offizier, der eine feindliche Stadt mit Pfeilen beschießt – trägt einen Waffenrock mit ornamentalem Webmuster und dicht verknüpften Fransen (etwa 728 v. Chr.).

Auf dem Fragment sind zwei Pferdeknechte dargestellt, die die Pferde des königlichen Wagens führen. Das vorn erkennbare Pferd trägt eine Decke mit verknüpften Fransen und dicken Quasten (etwa 650 v. Chr.).

Die Paläste, in denen sich diese herrlichen Reliefs befanden, wurden leider 612 v. Chr. mit dem Zerfall des großen assyrischen Reiches durch die Skythen, Meder und Babylonier zerstört. 1843-1854 wurden einige dieser Schätze wiederentdeckt und teilweise ins Britische Museum nach London und in den Louvre nach Paris gebracht.

Zwei Pferdeknechte (650 v. Chr.), die die Pferde des königlichen Wagens führen. Die Pferdedecke des vorn erkennbaren Pferdes ist mit verknüpften Fransen und dicken Quasten verziert. Britisches Museum London

Quipu – die Knotenschrift der Inkas

Die Inka-Kultur in Peru (etwa 1200-1532) kannte keine Schrift. Bis zur Erfindung der drahtlosen Telegraphie gab es jedoch kein Kuriersystem, das es an Schnelligkeit mit jenem der Inkas hätte aufnehmen können. Es heißt, daß die Kuriere in fünf Tagen und Nächten 1800 Kilometer liefen.

Quipu – der wörtlichen Bedeutung nach einfach *Knoten* – war eine im Dezimalsystem aufgebaute Knotenschrift. Mit Hilfe der Quipu konnte alles statistisch erfaßt werden: Einwohner, Soldaten, Tiere, Ländereien, Lagerbestände, historische Ereignisse wie Kriege usw.

Jedes Quipu mußte jedoch mit einem mündlichen Kommentar übergeben werden. Ein „quipu-camayoc" (Quipu-Spezialist) knüpfte die Knoten ein, und die Quipu-Deuter „lasen" dann aus den Schnüren alle Details so schnell ab, wie wir Geschriebenes lesen.

An einem Hauptstrang aus Baumwolle oder Wolle (der doppelt gelegt wurde, so daß beide Enden ineinandergedreht werden konnten – bis zu 4 m Länge) befestigte man farblich abgestufte Schnüre (halb um den Hauptstrang gelegt und dann ineinandergedreht – bis zu 50 cm Länge), in die in bestimmten Abständen Knoten eingeknüpft wurden.

An den Enden befanden sich die Einer (bis 9), in einem bestimmten Abstand dazu die Zehner, dann die Hunderter usw. (bis über 10 000 war möglich). In diese vertikalen Schnüre wurden häufig noch Zusatzschnüre eingehängt. Man fand zehn verschiedene Knoten, wovon der Überhandknoten, der aus Überhandknoten bestehende Kapuzinerknoten und der Achterknoten vorherrschend sind.

Da auch die Farben eine bestimmte Bedeutung hatten (weiß = Silber, gelb = Gold, rot = Krieger, schwarz = Zeit beziehungsweise vergangene Nächte, blau = Kriegsdienstverweigerer usw.) und alle Knoten einen bestimmten Stellenwert besaßen, stellt beides zusammen eine mnemotechnische Gedächtnisstütze von größter Präzision und Kombinationsvielfalt dar.

Leider wurden sämtliche Quipu-Archive durch die spanischen Eroberer völlig vernichtet, weil die „Padres" dies für Teufelszeug hielten. Alle Quipus, die sich heute in den Museen befinden, stammen aus Gräbern der Küstenzone.

1: Quipu – peruanische Knotenschnüre, eine „Knotenschrift" der Inkas im Dezimalsystem. Museum für Völkerkunde Berlin

2: Quipu mit Überhand-, Kapuziner- und Achterknoten

1

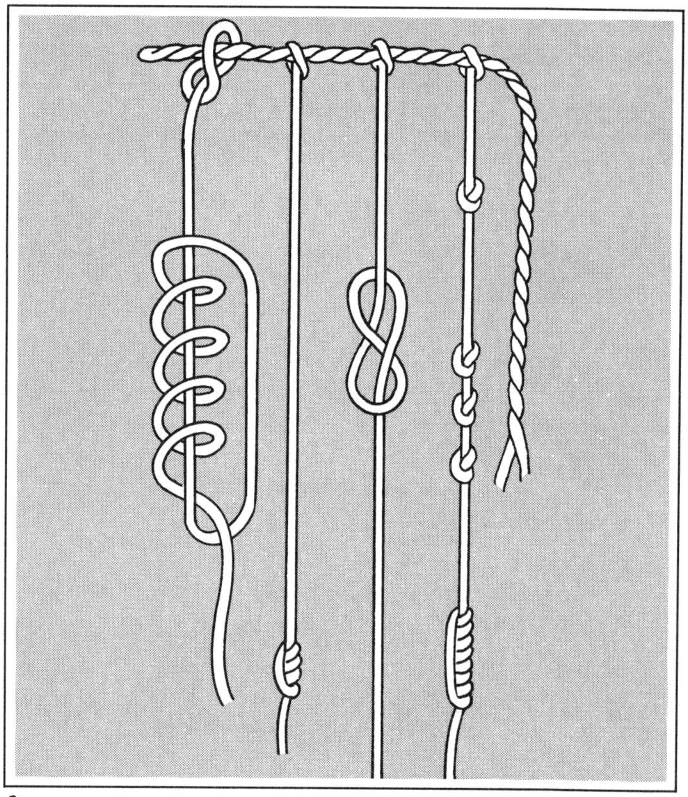

2

Arabische Einflüsse vom frühen bis zum späten Mittelalter in Europa

711 fielen die mohammedanischen Araber in das Reich der Westgoten (Spanien) ein und gründeten 756 das selbständige Reich von Córdoba. Die mit Berbern durchsetzten Araberstämme (Mauren) bewirkten eine Blütezeit der Industrie und des geistigen Lebens. Sie brachten auch ihre Kunsthandwerke mit, so unter anderem die Knüpfkunst.

Dieser maurische Einfluß ist als der Beginn der mittelalterlichen Knüpfkunst in Europa anzusehen. Obwohl sich die arabische Macht um 900 in Spanien auf ihrem Höhepunkt befand, wurden die letzten Mauren erst 1609 aus dem Lande vertrieben.

Ein anderer wichtiger orientalischer Einfluß erfolgte zweifellos durch die Kreuzzüge. Der erste Kreuzzug begann 1096 und der achte und letzte 1270. Gottfried von Bouillon, Barbarossa, Richard Löwenherz, Philipp II. August sind wohl die bekanntesten Kreuzritter. Sie zogen nicht nur zu Lande, sondern auch auf dem Seeweg ins Heilige Land, um in ihrem Glaubenseifer und Missionswillen die Ungläubigen zum Christentum zu bekehren. Abenteuerlust und ritterlicher Tatendrang spielten ebenso eine Rolle wie politische Motive und Handelsinteressen. Dadurch gelangten wieder orientalische Waren, die seit dem Arabereinbruch fehlten, nach Europa. Wohnkultur und Tracht wurden orientalisch beeinflußt, und auch die Knüpfkunst wurde aufgrund der engen kulturellen Beziehungen der europäischen Ritterschaften an Höfen und Klöstern verbreitet.

Im Laufe der Zeit hatten sich die relativ einfachen, verknüpften Fransen der Ägypter und Assyrer zu kunstvolleren Knüpfkanten entwickelt.

Ein dritter entscheidender Einfluß ging im Laufe der Jahrhunderte von der „christlichen Seefahrt" aus. Durch die Handelsbeziehungen mit dem Orient gelangten nicht nur Reis, Mais, Gewürze, Indigo, Gewebe und ähnliches in die europäischen Häfen, sondern auch wertvolle Knüpfarbeiten.

Da die Schiffe oft monatelang unterwegs waren und es bei Flauten noch keine maschinellen Beschleunigungsmittel gab, begannen auch die Seeleute, ihre Freizeit an Bord sinnvoll zu nutzen. Sie verknüpften ihr Garn und Tauwerk zu Mustern, wie sie sie im Orient gesehen hatten, und dekorierten ihre Schiffe mit sehr kunstvoll geknüpften Glockenzügen, Borten, Tischläufern, Wandtaschen, umknüpften Flaschen usw.

Knüpfkante mit Pärchen, die sich an den Händen halten, und Van-Dyck-Zacken.
Spanien oder Italien, um 1600
Victoria & Albert Museum London

Sie kopierten aber nicht nur die orientalischen Muster, sondern integrierten auch ihre Seemannsknoten – halbe Schläge, Überhand-, Achter- und Kreuzknoten, Kronenplatting usw. – und tauschten oder verkauften ihre Objekte dann in den Häfen. Auf diese Weise gelangten Knüpfarbeiten vor allem in den Mittelmeerraum – Italien, Frankreich, Spanien – aber auch bis nach Holland, Deutschland, England und Schottland.
Im englischsprachigen Raum waren die Knüpfarbeiten der Seeleute als „Square knotting" (square knot = Weberknoten) und „McNamara's lace" bekannt. Heute werden sie als „Fancyworks" bezeichnet.

Italien als Ausgangspunkt der Knüpfkunst in der Neuzeit (ab 1500)

Da Italien aufgrund des blühenden Orienthandels über seine Hafenstädte Venedig, Genua und Neapel immer wieder neue Impulse aus den arabischen Ländern erhielt, entwikkelte sich hier auch die Hochburg der Knüpfkunst.
Vor allem entlang der Riviera wurde dieses Handwerk – als „punto a groppo" (Muster mit knotenförmigen Verschlingungen) bezeichnet – in den zahlreichen Klosterschulen gelehrt und gewerblich genutzt. In den Zeiten des wirtschaftlichen Aufschwungs und der Tendenz zum Dekorativen gingen vor allem viele Aufträge von seiten der Kirche und der Fürsten ein.

Aus dieser Zeit sind uns in den Museen noch Arbeiten erhalten geblieben, von denen einige schöne Beispiele hier aufgeführt sind. Diese sind von einer solchen Feinheit, daß sie als „Knüpf-Spitzen" bezeichnet werden. Sie bestehen nun nicht mehr aus den Kettfäden der Webstücke, sondern aus eigenständigen, in die Webkante eingehängten Fäden. Auf diese Weise konnten Knüpfkanten in jeder beliebigen Breite hergestellt werden.

Rechts: Paolo Veronese: „Gastmahl im Hause Simon des Pharisäers", Tischdecken mit kostbaren Knüpfkanten, 1575, Louvre, Salle des Etats, Paris

Unten: Leinentuch mit Weißstickerei (Doppeldurchbrucharbeit) und Knüpfkante mit Van-Dyck-Zacken. Italien, 16. Jh. Herzog Anton-Ulrich-Museum Braunschweig

Knüpfkante mit Fransen. 1873 in Schottland nach einem Muster vom Ende des 16. Jh. geknüpft (Ursprungsland: wahrscheinlich Italien) Victoria & Albert Museum London)

1

2

1: Knüpfkante mit Rautenmustern und Van-Dyck-Zacken. Italien, Ende 16. Jh.
Victoria & Albert Museum London

2: Point coupé-Arbeit (Doppeldurchbrucharbeit) Granatapfel und Volutenranken – mit Knüpfkante. Italien, Ende 16. Jh.
Rijksmuseum Amsterdam

3: Knüpfkante mit Van-Dyck-Zacken in höchster Vollendung. Italien 17. Jh. (ähnlich der links unten abgebildeten Kante aus Italien, Ende 16. Jh.)
Victoria & Albert Museum London

4: Knüpfkante, Italien, 18. Jh.
National Gallery of Victoria
Melbourne, Australien

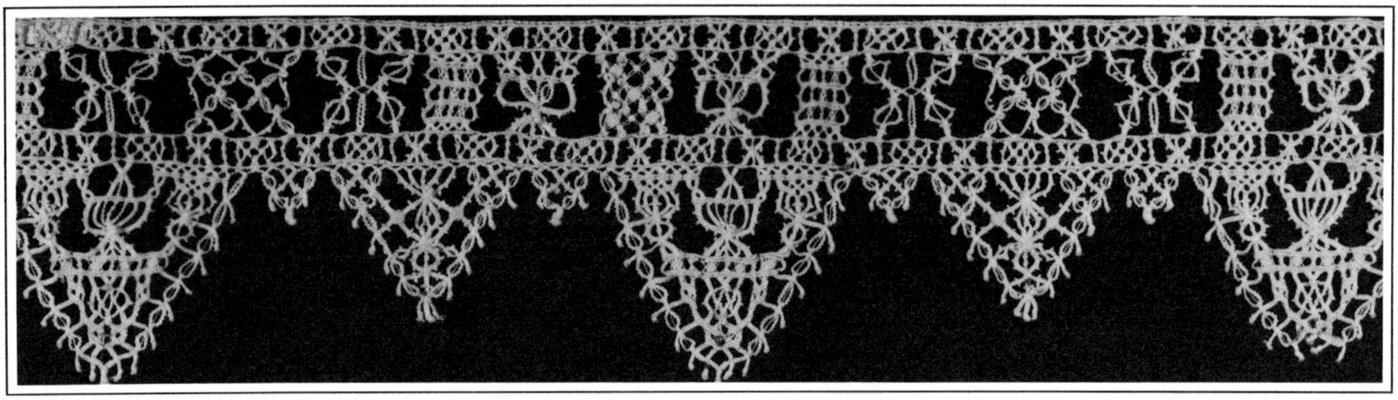

3

4

Unter dem Einfluß der aufkommenden Näh- oder Nadel- und Klöppelspitze des 16. Jahrhunderts paßte sich auch die Knüpfspitze den modernen Mustern und Formen an. Diese Spitzen wurden in bunten Seidenfäden und weißem Leinenzwirn nachgeahmt, das heißt im Rahmen der technischen Möglichkeiten in die Knüpf-Sprache übersetzt. Daher enden die Knüpfkanten häufig auch in „Van-Dyck"-Zacken, also ohne herunterhängende Fäden.

Als Beispiel „par excellence" aus dem 16. Jahrhundert gelten die Knüpfkanten an den Tischdecken auf dem berühmten Bild von Paolo Veronese „Gastmahl im Hause Simon des Pharisäers" (siehe Seite 19). Veronese liebte es, die vornehme venezianische Gesellschaft in biblischer Aufmachung darzustellen. Eleganz, Farbenreichtum und Harmonie zeichnen seine Bilder aus.

Deutschland lag zu Beginn der Neuzeit an den beiden Hauptstraßen des Welthandels. Die Hanse beherrschte bis ins 17. Jahrhundert hinein den Handel zwischen der Ostsee und Rußland – bis nach Innerasien.

Neben den immer mächtiger werdenden Fürstenhäusern hatte sich das Zunftwesen als freies städtisches Handwerk entwickelt, wodurch das Bürgertum führend hervortrat und zu einem gewissen Wohlstand gelangte.

So hielt auch die Knüpfkunst Einzug in die vornehmen Häuser. Die adeligen und höheren Töchter besuchten Klosterschulen, wo sie Knüpfarbeiten – meist aus Leinenzwirn und bunten Seidenfäden – vor allem auch für den alltäglichen Gebrauch herstellten, wie Knüpfkanten an Decken, Vorhängen und Möbeln, aber auch praktische Dinge wie den abgebildeten Jagdhut aus Ostpreußen (siehe rechte Seite). Er wurde aus gezwirntem Leinengarn – nur aus Weberknoten – mit einem plastisch herausgearbeiteten, rot angemalten Hirsch geknüpft.
Schon bei mittelalterlichen Perlenstickereiarbeiten wurden plastische Formen herausgearbeitet. Dazu kaute man Brotteig so lange, bis er genügend mit Speichel durchsetzt war und brachte ihn dann unter der textilen Fläche in die gewünschte Form.

*Links: Knüpfkante mit bogenförmigen Verzierungen und Fransen. Italien, 17. Jh.
National Gallery of Victoria
Melbourne, Australien*

*Unten: Knüpfkante mit Blattmotiven und Van-Dyck-Zacken. Italien, 17. Jh.
Victoria & Albert Museum, London*

Auch Jagdtaschen waren, wie die Beispiele aus dem 19. Jahrhundert zeigen, eine sehr beliebte Knüpfarbeit. Sie wurden aus dem sogenannten „Jagdtaschenknoten" – dem Weberknoten – geknüpft, häufig mit drei bis vier Fächern in unterschiedlichen Mustern.
Sehr dekorativ wurden auch die abgebildete Pulverflasche (siehe Seite 24) und die Helmbarten aus Nürnberg mit umknüpften dicken Quasten versehen.

Oben: Jagdhut mit Applikation in Form eines Hirsches, rot bemalt, Ostpreußen, Mitte 16. Jh. (aus dem Besitz des Fürsten Dohna-Schlobitten/Ostpreußen) Germanisches Nationalmuseum Nürnberg

Links: Helmbarten mit umknüpften Quasten. Ausrüstung der Leibgarde des Nürnberger Bischofs Christoph Franz von Schönborn. Würzburg 1726. Germanisches Nationalmuseum Nürnberg

Jagdtasche mit Leinenklappe, in Leder gefaßt. Fallersleben, Ende 19. Jh., aus dem Besitz der Familie Hillendahl

Jagdtasche mit Lederklappe und Fell. Deutschland, um 1880. Germanisches Nationalmuseum Nürnberg

Jagdtasche mit Lederklappe. Deutschland, um 1880. Germanisches Nationalmuseum Nürnberg

Pulverflasche mit umknüpften Quasten. Deutschland, 18. Jh. Germanisches Nationalmuseum Nürnberg

Mustersammlungen aus dem europäischen Raum – 18. und 19. Jahrhundert

Im Laufe der Jahrhunderte wurden die Knüpfmuster immer wieder kopiert, dabei verändert, verbessert und dem Stil der jeweiligen Epoche angepaßt.
Anhand der in den europäischen Museen noch vorhandenen Sammlungen läßt sich dies bis 1706 zurückverfolgen.
Viele Damen, meist wohl Gewerbelehrerinnen, sammelten diese Muster, das heißt, sie legten sich ein kleines Musterbuch an.
Ein hervorragendes Beispiel hierzu ist das Musterbuch der Maria Schweigerin aus dem Jahre 1706, in dem sie 398 weiße und 2 schwarze Muster aus Leinenzwirn einnähte. Diese wohl älteste deutsche Mustersammlung befindet sich im Textilmuseum in Krefeld.
Die Muster sind so fein geknüpft, daß man eine Lupe braucht, um die einzelnen Knoten erkennen zu können. Eine Fülle von Variationsmöglichkeiten – hauptsächlich aus Rippenknoten – tut sich auf, die wir heute nur in stummer Bewunderung betrachten können.

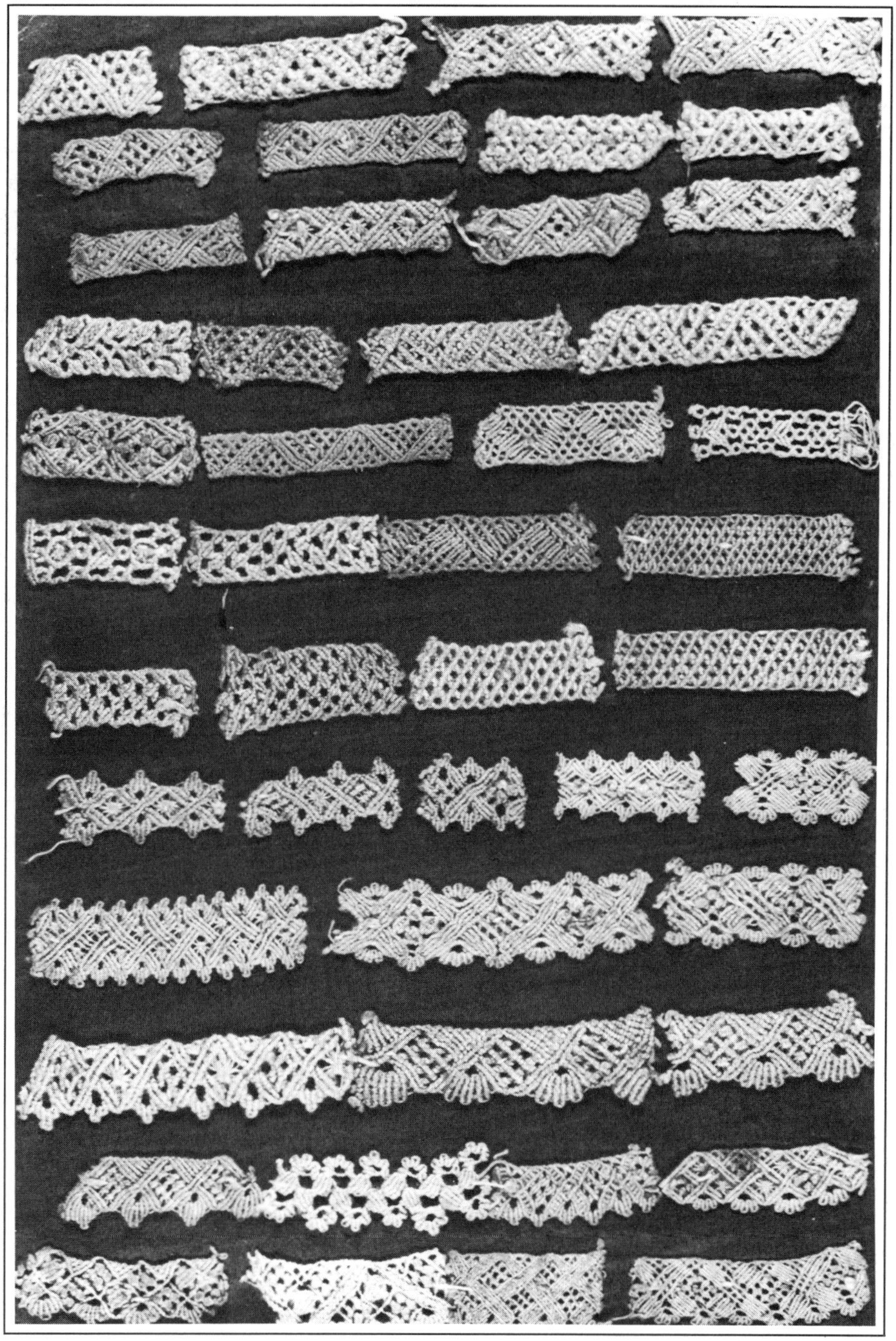

Kleine Muster aus Leinenzwirn, Musterbuch der Maria Schweigerin (mit 400 Mustern) Deutschland, 1706 Textilmuseum Krefeld

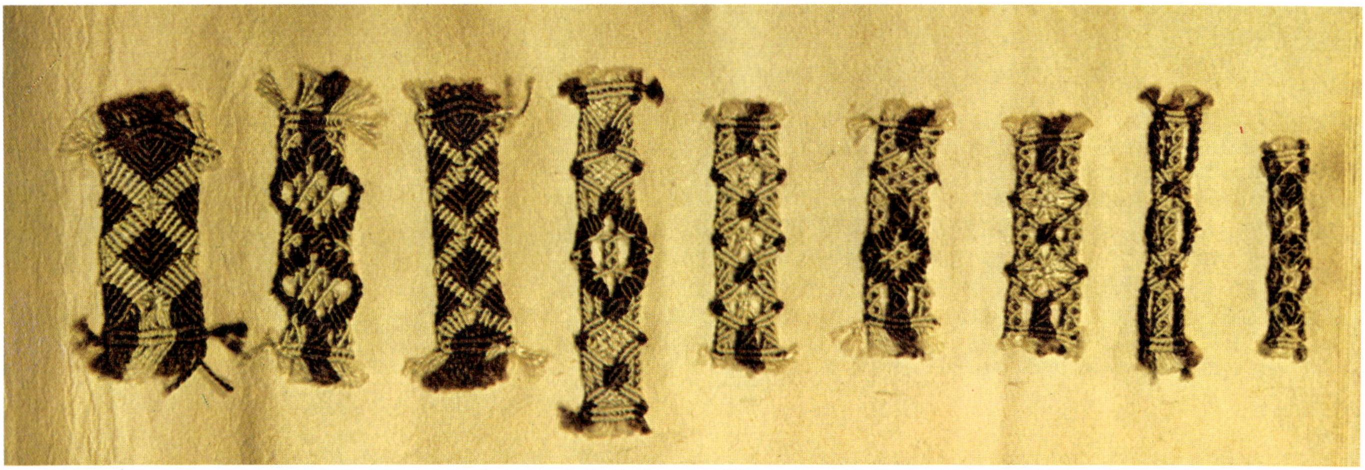

Eine andere sehr interessante Mustersammlung in einem ähnlichen kleinen vergilbten Buch aus dem Jahre 1755 enthält 66 farbige Muster aus Seidengarn. Auch diese wurden mit einer solchen Akribie geknüpft und enthalten so viele in sich ausgewogene Knotenkombinationen, daß man hier von „Kunst" sprechen muß. Auch diese Sammlung ist wohl die älteste farbiger Muster in Deutschland und befindet sich ebenfalls im Textilmuseum in Krefeld.
Einen sehr interessanten Vergleich hierzu bieten 75 wahrscheinlich englische Muster aus dem Jahre 1749 im Victoria-und-Albert-Museum in London. Diese sind aus farbigem Seidengarn geknüpft und enthalten gleiche und ähnliche Knotenkombinationen.
Auch die sich im Württembergischen Landesmuseum in Stuttgart befindlichen Muster aus St. Gallen aus dem Jahre 1888 – 9 farbige und 16 beige Muster – stellen höchst interessante Parallelen dar (Seite 28 und 29). Sie stammen von der damaligen Lehrerin der Kunstgewerblichen Zeichenschule St. Gallen, Helene Waidenmüsser.
1886 brachte Thérèse de Dillmont (geboren 1846 als Therese Dillmann in Wiener Neustadt) das für das 19. Jahrhundert wohl umfassendste Handarbeitsbuch „Encyclopédie pour ouvrages de dames" (Enzyklopädie der weiblichen Handarbeiten) in französischer Sprache heraus, das ein ausführliches Kapitel über Makramee enthält.

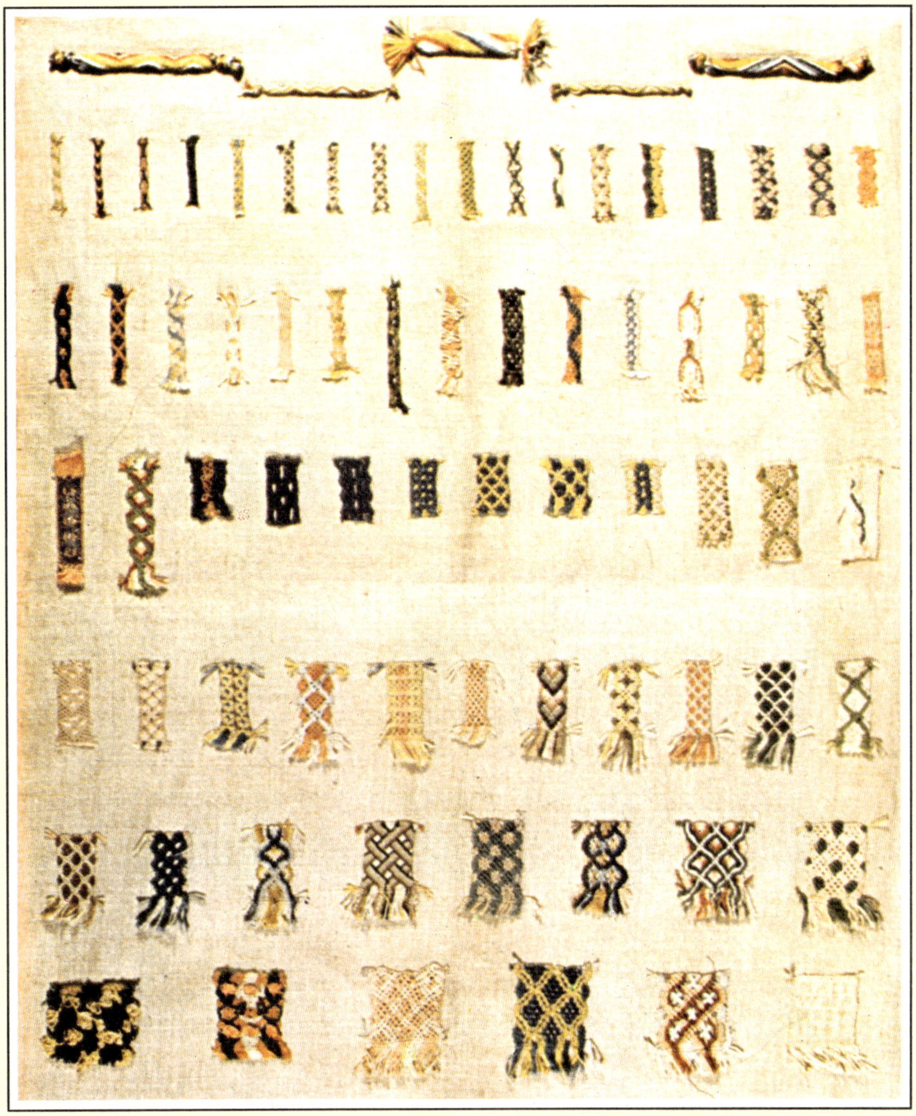

Links: Kleine Muster aus farbigem Seidengarn aus einem Musterbuch (mit 66 Mustern) Deutschland, 1755
Textilmuseum Krefeld

Rechts: 75 kleine Muster aus farbigem Seidengarn, wahrscheinlich England, 1749
Victoria & Albert Museum London

Dieses Buch heute zu besitzen, ist der Traum aller Museen und Liebhaber.
Vergleicht man nun die 188 alten Muster aus dem Buch von Thérèse de Dillmont mit denjenigen von 1706, 1749, 1755 oder 1888, dann stellt man fest, daß sie tatsächlich immer wieder kopiert wurden.

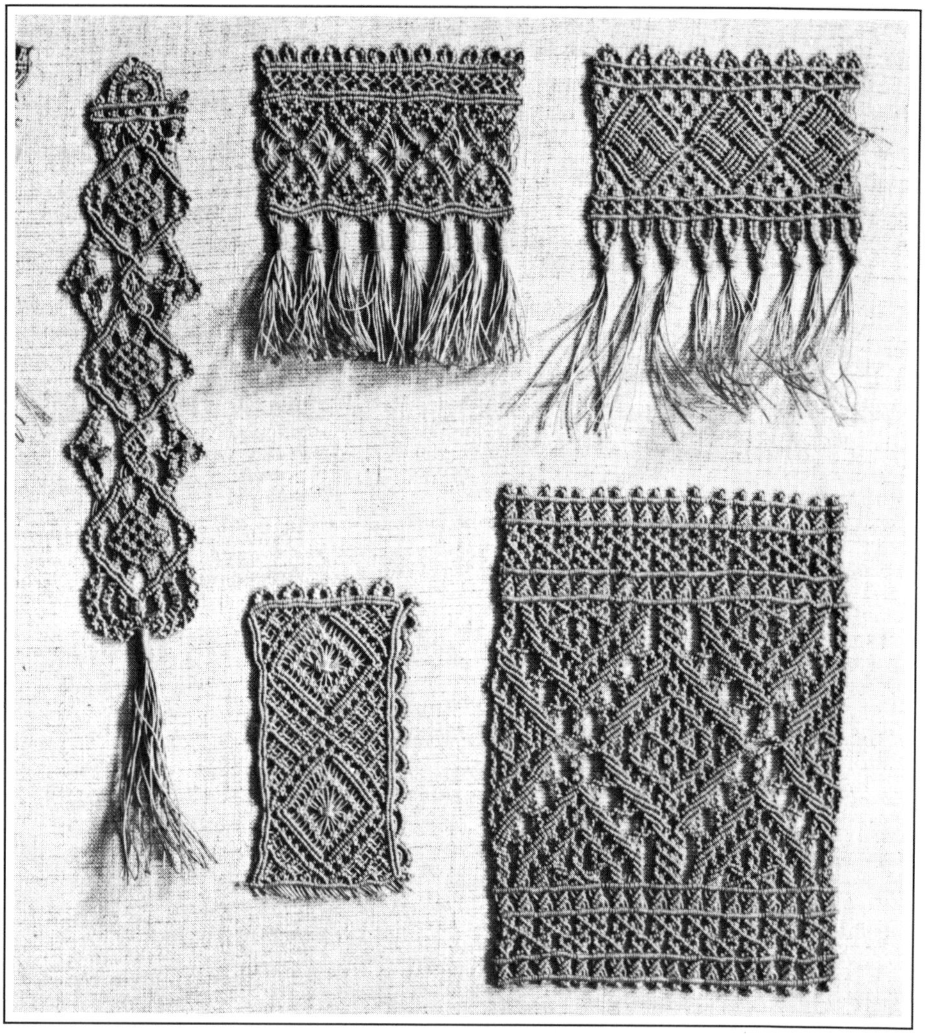

9 Muster, St. Gallen, Schweiz, 1888
Württembergisches Landesmuseum Stuttgart

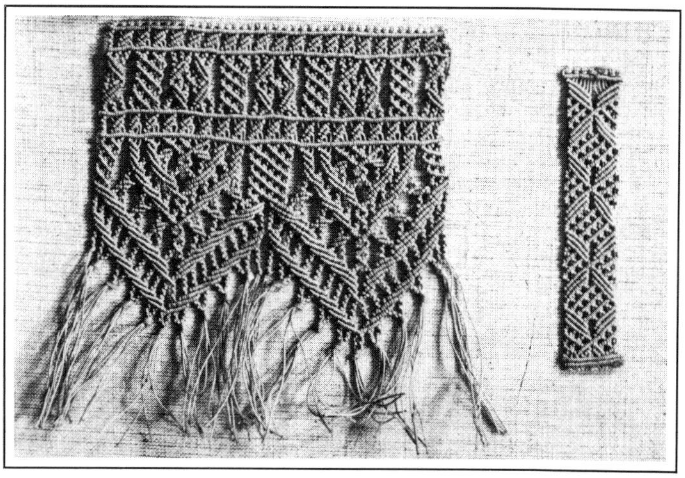

16 Muster aus farbigem Seidengarn von Helene Waidenmüsser, St. Gallen, Schweiz, 1888, Württembergisches Landesmuseum Stuttgart

Prägung des Begriffs Makramee Mitte des 19. Jahrhunderts

In der nach der Romantik einsetzenden Biedermeierzeit floß das Leben in den gebildeten Kreisen äußerlich in stiller Ordnung dahin. Man hatte viel Zeit für Heimarbeit kunstgewerblichen Charakters, und so wurde auch Makramee zu einer beliebten Beschäftigung.
Auch die Zeit des Impressionismus kam in ihrem Trachten nach Dekor den Knüpfarbeiten sehr entgegen.
Neben der großen Zahl an sozial Schwachen in der Bevölkerung gab es doch eine bestimmte Schicht der gutbürgerlichen Mittelklasse, die es zu einem gewissen Wohlstand gebracht hatte. Die Damen des Hauses hatten ihr Dienstpersonal und konnten sich feineren Arbeiten widmen. Durch die Modejournale angeregt, wurde alles im Hause dekoriert, ausgeschmückt, verschönert, um nicht zu sagen „überladen". Diese Tendenz zum Dekor war im viktorianischen England besonders ausgeprägt und wird heute als „over-decoration" bezeichnet.
Ge- und beknüpft wurden nicht nur Gegenstände des alltäglichen Gebrauchs, sondern vor allem auch solche, die in bezug auf Ausgestaltung des „Intérieurs" rein dekorative Zwekke erfüllten; sehr geschätzt wurde auch modisches Accessoire für die Dame.
Hierzu einige Beispiele: Sonnen- und Lampenschirme, Wein- und Blumenständer, Bilderrahmen, Noten- und Zeitungsmappen, Klavier-, Tisch-, Sofa- und Bettdecken, Fenster- und Türvorhänge, Scheibengardinen, Borten für Regale und Schränke, Kissen, Paravents, Kamingestelle, Eierwärmer, Toilettenartikel, Wäschebehälter für Taschentücher und Handschuhe, Borten an Überhandtüchern, Damentaschen und Pompadours, Gürtel, Besatz an Kleidung wie Kragen, Beffchen, Knöpfe, Bordüren, Fransenkanten, ferner Uhren- und Halsketten, Haarschmuck und sogar Fliegenfänger (man glaubte nämlich, die Fliegen würden durch bunte Farben angelockt und sich dann in den engen Knüpfmustern verfangen).

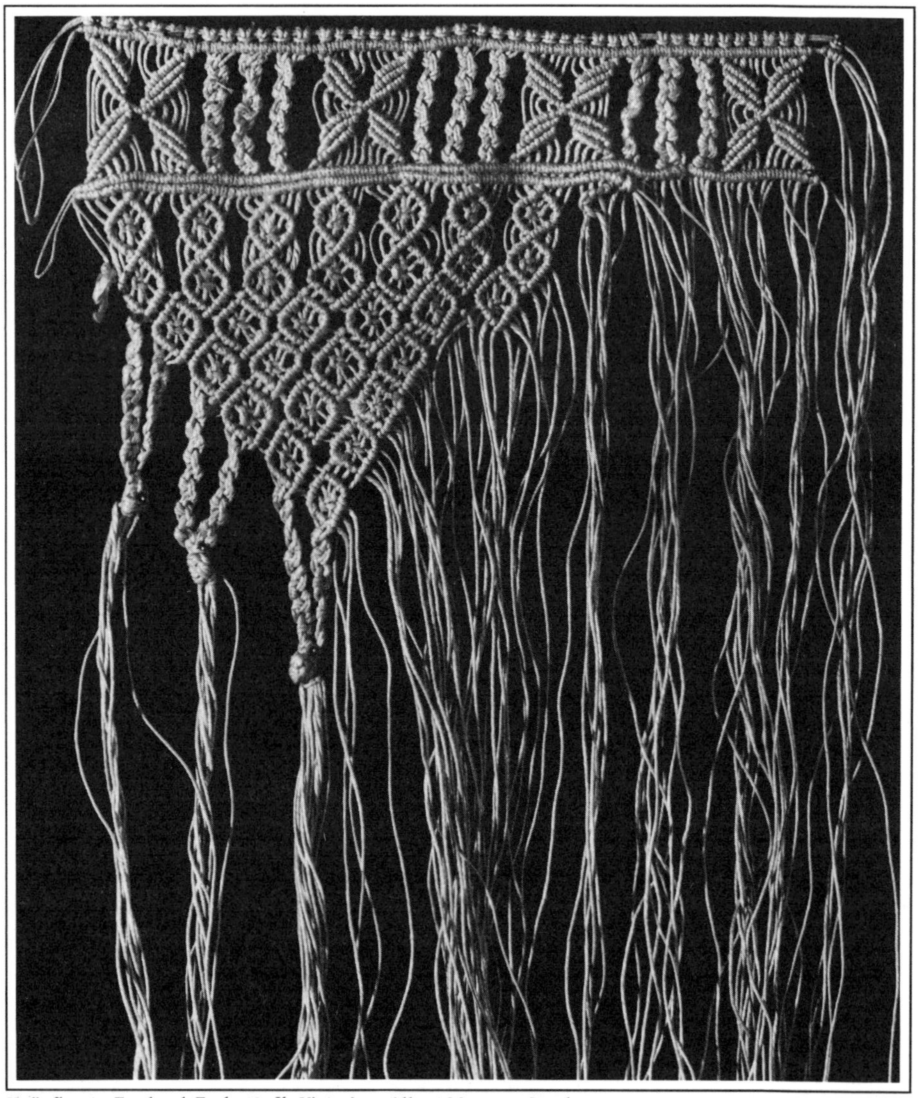

Knüpfkante. England, Ende 19. Jh. Victoria & Albert Museum London

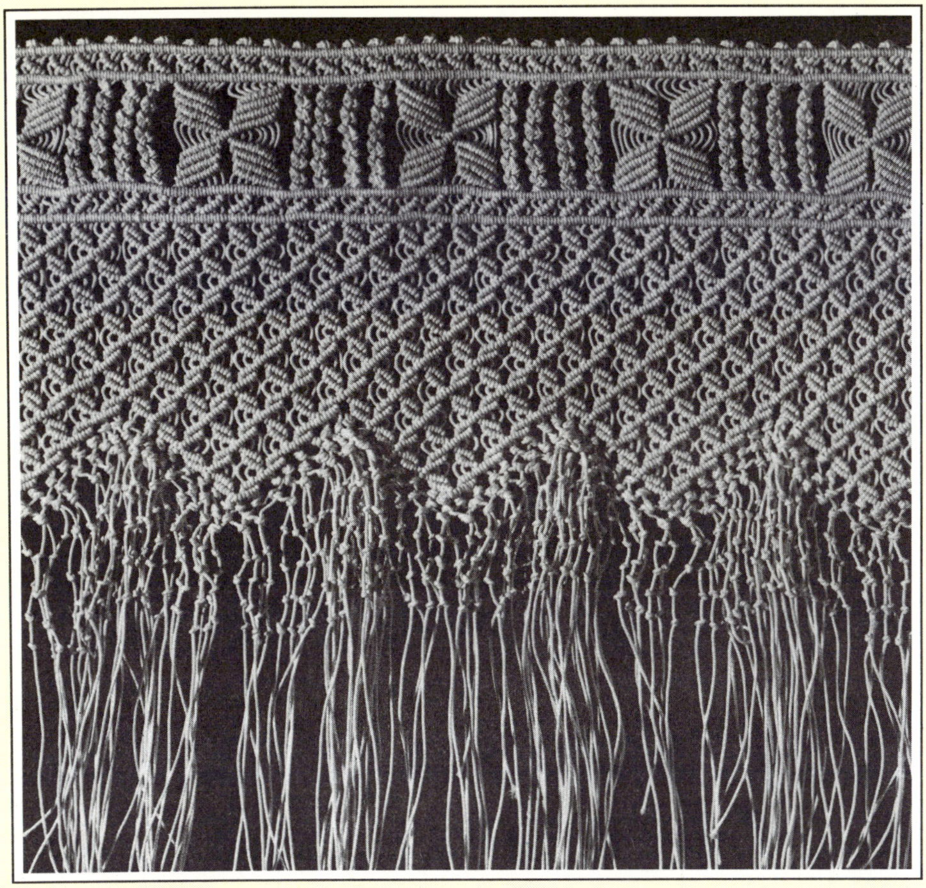

Erfindung der Cavandoli-Technik

Ende des 19. Jahrhunderts erfand die Italienerin Valentina Cavandoli die nach ihr benannte Technik.
Hiermit war es möglich, jedes zweifarbige Muster mit fortlaufenden Fäden zu knüpfen. Es gab schon eine ähnlich aussehende Knüpfart, die sogenannte Gobelin-Knüpferei, aber hierbei blieben die Fäden, die nicht geknüpft wurden, auf der Rückseite offen hängen.
Auf diese Technik mußte eigentlich jeder kommen, der sich intensiv mit Makramee beschäftigte, denn Rippenknoten, in horizontaler und vertikaler Richtung - auch zweifarbig - ausgeführt, waren bereits bekannt.

Tasche mit Meander-Ornament in Cavandoli-Technik, Arbeit der Autorin

Links oben: Knüpfkante mit Van-Dyck-Zacken und abgeknoteten Fransen. England, Ende 19. Jh./Anfang 20. Jh. Victoria & Albert Museum London

Links unten: Knüpfkante. England, Anfang 20. Jh. Victoria & Albert Museum London

Die Mustersammlung der schweizerischen Geschwister Maurizio

Anna Cornelia (1852–1930) und Teodora Maddalena Maurizio (1854 bis 1904) aus Vicosoprano im Bergell machten Makramee zu ihrer Lebensaufgabe.
Zwischen 1881 und 1904 reisten die Schwestern durch Europa, um in Museen, Privatsammlungen und Klöstern alte Muster zu sichten, zu sammeln und zu kopieren. Da beide sehr kreativ waren, entwarfen sie viele neue Muster, und zwar so meisterhaft, daß vieles, was vorher war, eigentlich an Bedeutung verliert. Nicht nur durch die Feinheit des Materials, sondern auch durch den immensen Formenreichtum zeichnen sich besonders ihre zarten Makramee-Spitzen aus.
Als Teodora verstarb, begann Anna an der „Scuola di Macramé" in Bergamo die Knüpfkunst zu unterrichten. Sie bildete vor allem Knüpferinnen aus sozial schwächeren Familien aus, die in Heimarbeit die ihnen aufgegebenen Muster anfertigten. Ab 1920 wurden auch Mädchen aus dem Waisenhaus und Taubstummenheim darin unterwiesen. Diese Schule existierte bis 1930.
Alle Schülerinnen hatten sich an bestimmte Richtlinien zu halten: Sie mußten eine weiße Ärmelschürze sowie weiße Ärmelschoner tragen und die Knüpfarbeiten auf einem weißen Knüpfkissen ausführen. Über die erlernten Muster und Techniken mußten sie Stillschweigen bewahren. Entlohnt wurden sie nach einem Metertarif, der sich nach dem Schwierigkeitsgrad des Musters richtete.
Vertrieben wurden diese Arbeiten durch die „Industrie Femminili Italiane" von Bergamo, die bis nach Amerika exportierte.

1

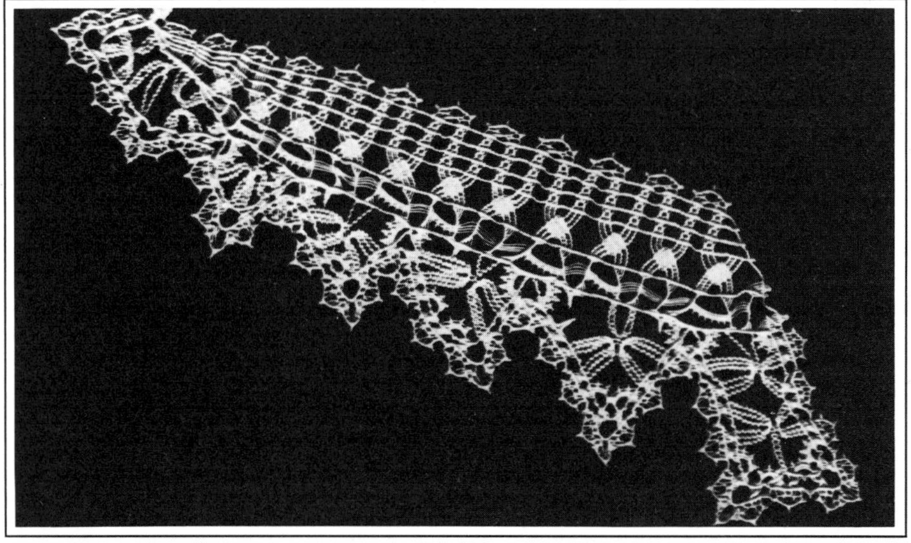

2

1: Anna Cornelia und Teodora Maddalena Maurizio widmeten sich ein Leben lang der Knüpfkunst. Sie stellten 1881–1904 eine einmalig schöne Mustersammlung zusammen. Auf diesem Bild tragen sie einen Halsschmuck aus Seidengarn.
Rätisches Museum Chur, Schweiz

2: Sehr kunstvolle Kleidapplikation
Rätisches Museum Chur, Schweiz

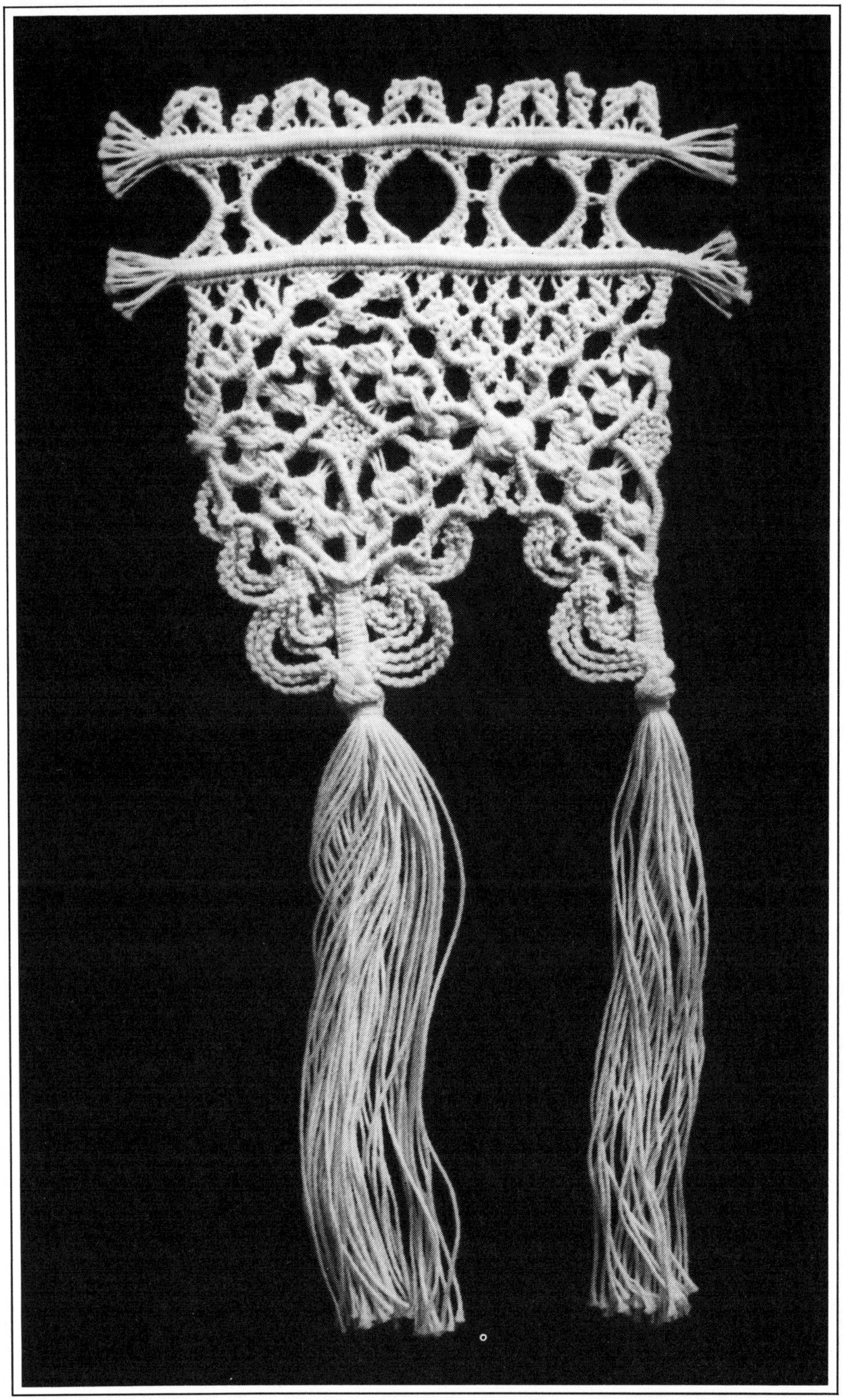

Die wertvolle Mustersammlung der Geschwister Maurizio, die aus fast 500 Knüpfmustern besteht – die meisten aus weißem Leinen- und formbeständigem Seidengarn – befindet sich heute im Rätischen Museum in Chur (Schweiz). Sie ist in vier Gruppen unterteilt: drei Gruppen Fransen und Spitzen und eine Gruppe Initialen. Außerdem gibt es noch eine kleine Sammlung von Gobelin-Knüpfarbeiten.
Alle Muster sind mit Beschreibungen in deutscher und italienischer Sprache versehen. Für einige sehr schwierige Muster wurde zusätzlich ein Fadengerüst – „carcassa" – geknüpft, um Anzahl und Verlauf der Fäden deutlich zu machen.
Die am meisten angewandten Knoten sind: Rippen-, Weber-, Schiffchen-, Flecht- und Frivolitéknoten (Frivolitäten-Arbeiten waren zu dieser Zeit sehr beliebt).
Mit diesen wenigen Knoten wurden die damals so modernen Durchbruch-, Reticella-, Nadel- und Klöppelarbeiten imitiert und zu höchster Vollendung in Makramee-Technik gebracht.
Auch Gobelin-Knüpfarbeiten wurden in der bereits bekannten Technik – Rippenknoten in horizontaler Richtung –, aber auch in einer heute nicht mehr nachzuvollziehenden Technik ausgeführt. Hierbei wurde die Arbeit auf einen Rahmen gespannt, so daß Vorder- und Rückseite identisch oder unterschiedlich gestaltet werden konnten.

Einziges Muster der Sammlung, in dem der Josefinknoten vorkommt.
Rätisches Museum Chur, Schweiz

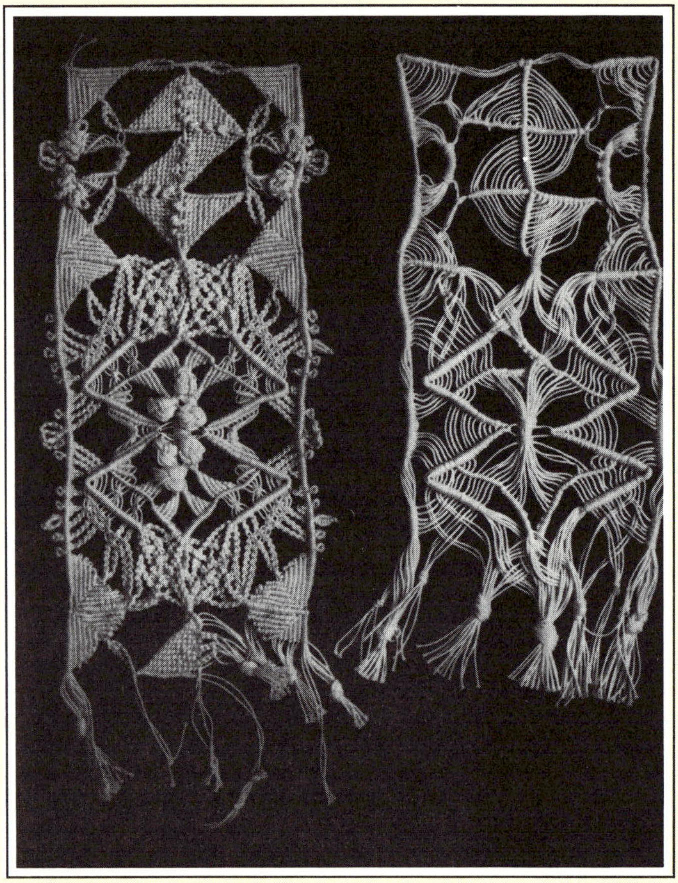

1

2

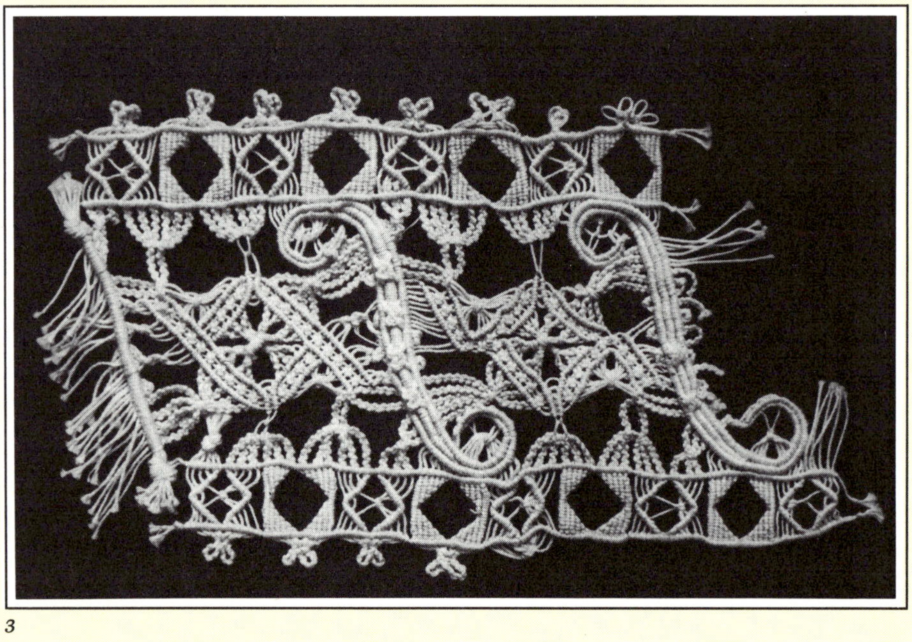

3

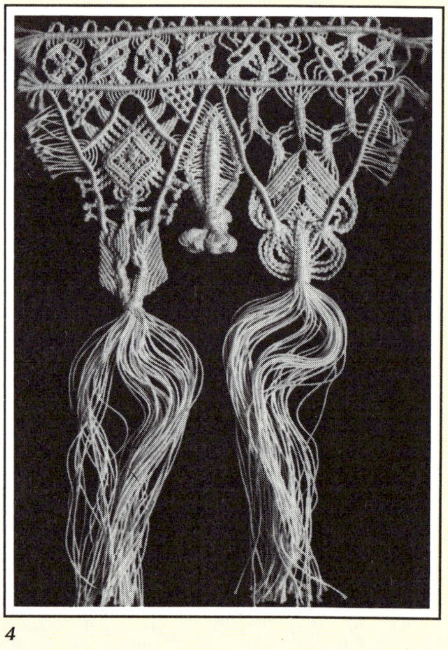

4

Die hier dargestellten Beispiele sollen für sich sprechen und deutlich machen, daß Makramee viel weitreichender ist, als man sich heute gemeinhin darunter vorzustellen vermag.

5

6

1: Muster und „Carcassa" (Fadengerüst)
Rätisches Museum Chur, Schweiz

2: Das einzige runde Deckchen der Sammlung
Rätisches Museum Chur, Schweiz

3: Bordüre mit einmalig schöner Formgebung
Rätisches Museum Chur, Schweiz

4: Bordüre mit harmonisch aufeinander abgestimmten Mustern
Rätisches Museum Chur, Schweiz

5: Feiner Aufsatz für ein Prunkkissen
Rätisches Museum Chur, Schweiz

6: Muster, wie es um die Jahrhundertwende typisch war
Rätisches Museum Chur, Schweiz

Erfindung der Margarethenspitze

Margarethe Naumann, geboren 1881, übte Anfang des 20. Jahrhunderts hauptsächlich im sächsischen Dresden, Plauen und Magdeburg ihre Lehrtätigkeit an Kunst- und Gewerbehochschulen aus. 1913 erfand sie die nach ihr benannte „Margarethenspitze".

Über ihre Erfindung schrieb sie selbst: „Die starre Gebundenheit des Schuß- und Kettverfahrens, die bisher nur die Fläche als Ziel kannte und die konstruktive Notwendigkeit der Bündelung, die man in der primitiven Querzusammenfassung für erschöpft hielt, wurden von mir durch ganz einfache Handgriffe überwunden. Sie ermöglichen nun ein allseitiges Ausbreiten von Fäden innerhalb des Bündels und innerhalb des Schuß- und Kettverfahrens und können ohne jede Schwierigkeit von jedem Laien in kurzer Zeit erfaßt werden. Damit ist, sobald es sich um das Zusammenfügen von mehreren Fäden oder mehreren Körpern (Perlen) durch Fäden handelt, das grundlegende Gestaltungsgesetz für die Zukunft der Fadengebilde geschaffen worden. Vorlagen und Vorzeichnungen erübrigen sich von selbst; denn

1

2

3

1: Margarethenspitze – 1913 von Margarethe Naumann erfunden. Plastische Fadengebilde und zarte flächige Spitzen werden möglich. 1924

2 oben: Anfängerarbeit

2 unten: Fortgeschrittenenarbeit

3: Plastische Studie: Gemeinschaftsarbeit mehrerer Schülerinnen. „Blaubeerensammler und Förster", 12–16 cm groß

die Handgriffreihenfolgen des gelösten Problems der ungehemmten Fadenbündelung und der gegenseitigen Durchkreuzung von Fäden sind so mannigfaltig und unerschöpflich, daß Stift und Reißbrett nicht folgen können. – Es können mit diesem gelösten Fadenbündelungsproblem nicht nur Spitzen, sondern auch Posamenten-, Perlarbeiten in den verschiedensten Materialien in Wolle, Seide, Metall und dergleichen in flächenhafter oder körperlicher halbplastischer Auswirkung hergestellt werden."

Schon 1924 löste sie das Knüpfspitzensystem zu einem spinnwebartigen Spannfadensystem auf. Damit war sie ihrer Zeit weit voraus.

Leider wurden ihre Arbeiten durch den sächsischen Staat immer wieder blockiert. Sie schreibt hierzu: „Das ist für das textile Gebiet, insbesondere das der Spitzen und Posamenten eine bleibende Schädigung, denn die Möglichkeiten dieser Fadenfügungen sind noch so unerschöpft, harren noch so vieler Lösungen, daß immer neue eigenartige Werte für den Textilmarkt im In- und Ausland beschafft werden könnten, die heute durch die Brachliegung der Erfindung verloren gehen."

Margarethe Naumann versuchte jedoch immer wieder, auf Messen und Ausstellungen auf die Tragweite ihrer Erfindung aufmerksam zu machen. 1929 war sie in einer eigenen Werkstatt in Hannover tätig.

Diese Technik, beliebig viele Fäden auf- und abzubündeln und nach allen Dimensionen zu arbeiten, so daß plastische Fadengebilde entstehen, wird in der begonnenen Form wohl keine Nachfolge finden.

Makramee vom Jugendstil bis heute

Mit der Bewegung des Jugendstils Anfang unseres Jahrhunderts wurde auf dem Gebiet der Architektur, Malerei, Plastik und des Kunstgewerbes angestrebt, die neuen ästhetischen Gesetze mit der zweckgebundenen neuen Sachlichkeit in Einklang zu bringen.

Auch Gebrauchsgegenstände wurden in den Rang von Kunstwerken erhoben, was sich in einer ornamentalen Gliederung, einer ausgewogenen Farbgebung und einer Beziehung der Dinge zueinander ausdrückt.

Die angestrebte Zweckgebundenheit fand daher auch in den Makramee-Arbeiten dieser Epoche ihren Niederschlag. Es entstanden eher funktionelle Dinge mit einem großflächiger werdenden Design aus dem modernen Baumwollgarn als feine Spitzen aus Leinenzwirn und Seidengarn.

Der Jugendstil war jedoch nur eine Übergangsbewegung, ein Signal zum Aufbruch – zu einer neuen Sachlichkeit, wie sie nach dem Ersten Weltkrieg mit zunehmender Massenfabrikation immer deutlicher hervortrat. In der Architektur und Mode machte sich ein nüchterner Stil ohne Dekor breit, so daß Makramee immer mehr verdrängt wurde.

Seit den 60er Jahren hat zuerst in Amerika und Mitte der 70er Jahre auch bei uns eine „Makramee-Renaissance" eingesetzt, deren Ende noch nicht abzusehen ist. Wie erklärt sich dieses Phänomen?

Der Mensch von heute versucht, der Nüchternheit und Technik, die ihn umgibt, etwas entgegenzuhalten, will er nicht ganz davon erdrückt werden.

Er sucht nach etwas, das er beeinflussen und mit seinen eigenen Händen schaffen kann. Auch wenn das Produkt nicht vollkommen ist, so ist es doch sein Werk.

Leider ist diese Sehnsucht nach Selbstverwirklichung auch immer ein bißchen überschattet vom Zeitdruck, so daß am liebsten Dinge gearbeitet werden, die „schnell gehen".

Man sollte seine Einstellung überdenken, sich von diesen äußeren Einflüssen freimachen und zu einem neuen Verständnis kommen – auch für Makramee.

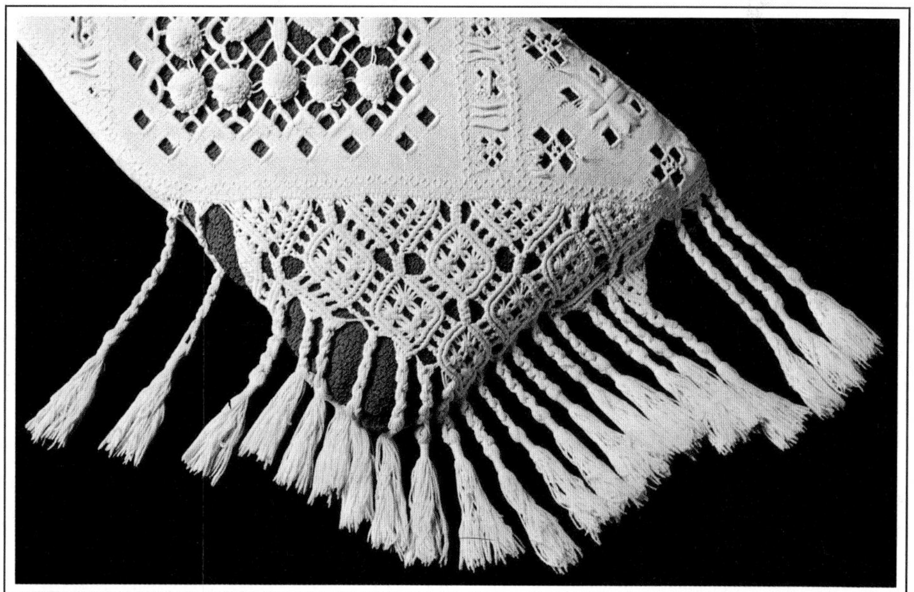

Kissen-Dreieckskante. Marienburg, Westpreußen, 1883, aus dem Besitz der Familie Liebl, Gifhorn

Zwei Wandbehänge, nach Vorlagen aus dem Buch von Thérèse de Dillmont (1886)

Kissenplatte. Wolfsburg-Ehmen, 1914, aus dem Besitz der Familie Meinecke, Wolfsburg

Kissen-Fransenkante. Wolfsburg-Vorsfelde, 1915, gearbeitet von Marie Rogaß

Wandbehang für Fotos. Wolfsburg-Vorsfelde, 1977, gearbeitet ebenfalls von Marie Rogaß im Alter von 81 Jahren – nach dem Muster der Kissenkante

1

2

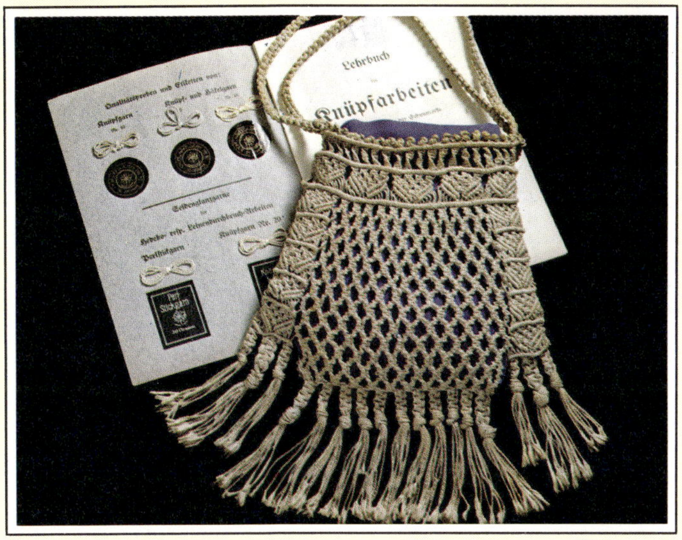

3

4

5

1: Tasche. Freudenberg/Siegen, 1905, aus dem Besitz der Familie Topp-Wehler, Wolfsburg-Danndorf
2: Tasche. Wolfsburg-Neindorf, 1915, aus dem Besitz der Familie Sandvoß, Wolfsburg-Vorsfelde
3: Tasche. Braunschweig-Thune, 1915, aus dem Besitz der Familie Kalberlah, Braunschweig-Thune
4: Tasche. Deutschland, etwa 1915, aus der Sammlung der Autorin
5: Tasche aus Papierbindfaden, Salzgitter, 1942, gearbeitet von Ursula Liebl, Gewerbelehrerin

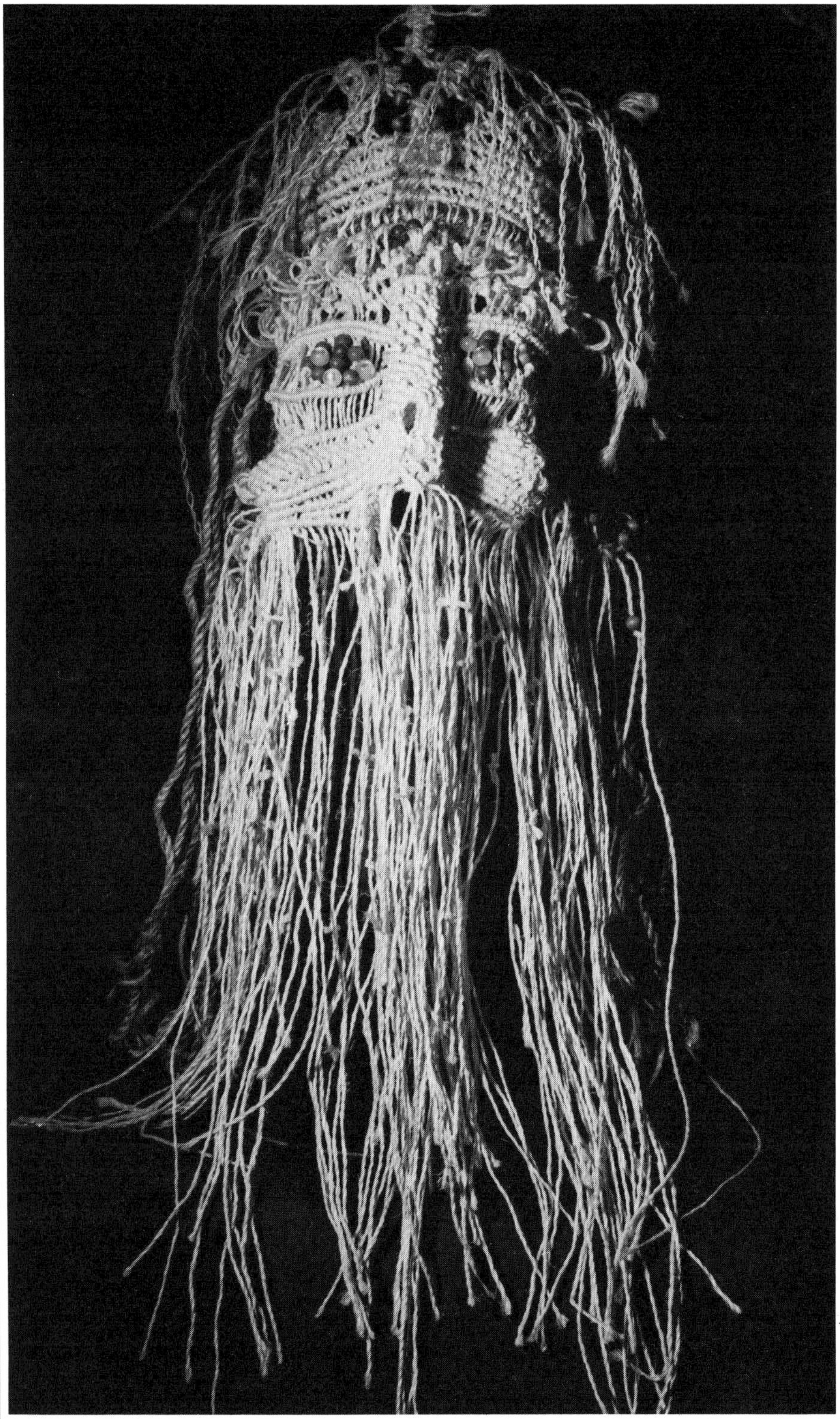

Maske 1958, Arbeit der Schüler von Hilda Gerner
Hochschule für Bildende Künste
Braunschweig

Knoten und Techniken

In einem Buch von 1912 über Knüpfarbeiten beginnt dieses Kapitel wie folgt:

„Ehe wir den systematischen Lehrgang der Knüpfarbeit (macramé) beginnen, wollen wir unserer geschätzten Damenwelt, die sich mit Knüpfarbeit beschäftigen will, einige Fingerzeige betreffs der Hilfsmittel, des Materials usw. geben."

„Um die Knüpftechnik so beherrschen zu können, daß man die in diesem Buche gebotenen Vorlagen nachzuarbeiten imstande ist, erlerne man vorerst die hauptsächlichsten Knotenarten und mache sich diese durch Übung zu eigen."

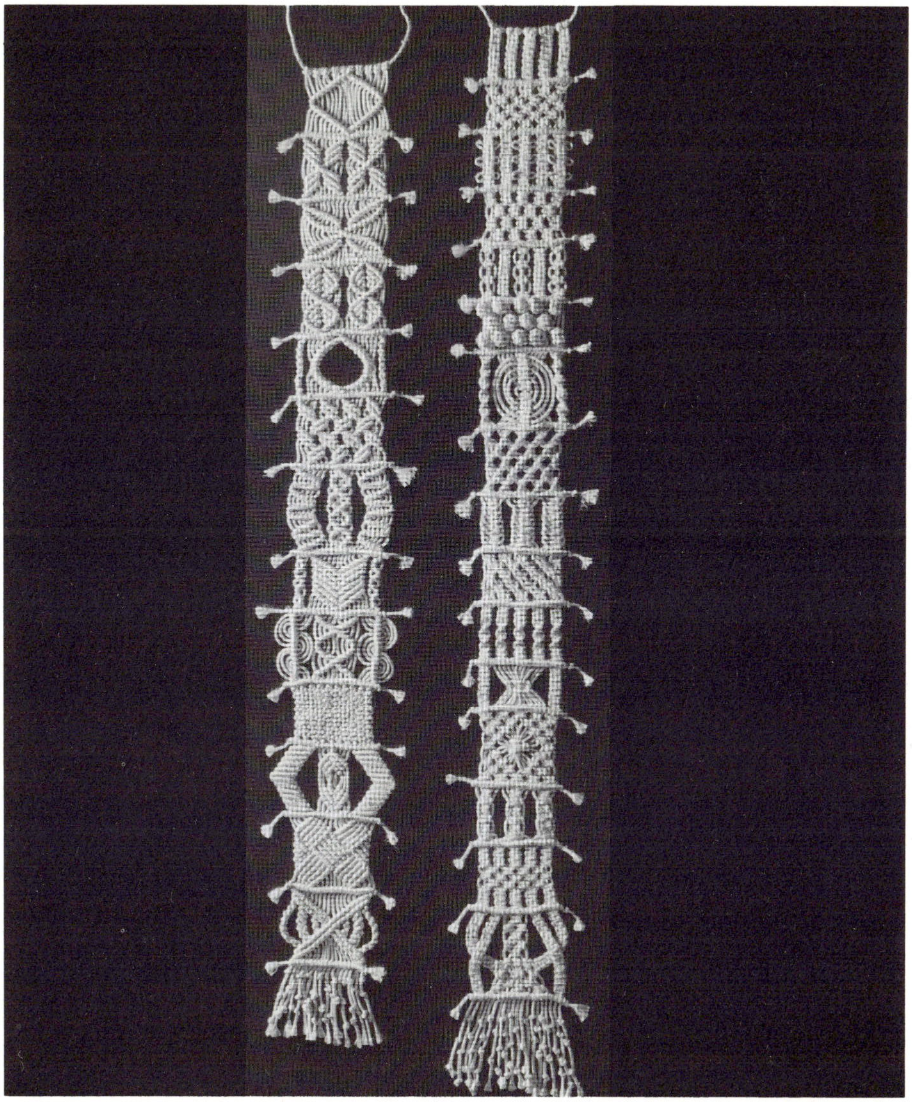

Auch hier sollen einige allgemeine Hinweise gegeben werden, die – bevor man mit dem Knüpfen beginnt – sehr wichtig sind.
Im folgenden Kapitel dieses Buches werden die einzelnen Knoten sowie einige Knüpftechniken graphisch dargestellt und ausführlich beschrieben.
Die nebenstehenden Muster zeigen nur einige der zahlreichen Variationsmöglichkeiten aus Weber- und Rippenknoten, den beiden Hauptknoten.

Allgemeine Hinweise

Ausrüstung

Unsere Großmütter benutzten zum Knüpfen noch ein Knüpfkissen oder Polster; wir verwenden heute ein Brett.
Im Holzhandel oder Baumarkt besorgt man sich eine Dämmplatte von 40 x 40 cm oder 30 x 30 cm (20 mm Stärke) und beklebt diese auf der einen Seite mit Klarsichtfolie, damit sie nicht flust. Die Rückseite bleibt unbeklebt, weil sie so eine gewisse Rutschfestigkeit bietet. Einige Hobbygeschäfte führen auch fertige Knüpfplatten.
Außerdem werden etwa 20 Knüpfnadeln benötigt, die als Polsternadeln in Polstereien erhältlich sind. Für feinere Arbeiten können auch kleinere Nadeln verwendet werden, wie sie Konstrukteure am Reißbrett benutzen, oder für ganz feine Arbeiten Stecknadeln mit bunten Köpfen. In England und Amerika gibt es die sogenannten „T-pins", die aber nicht so stabil sind wie unsere Polsternadeln. Nun benötigt man noch eine Schere, ein Metermaß und einige Nähnadeln zum Vernähen von Fäden.
Das wichtigste Werkzeug aber sind unsere Hände. Wer gern und viel handarbeitet, wird auch beim Knüpfen keine Schwierigkeiten haben, denn eine gewisse Fingerfertigkeit ist natürlich von Vorteil.
Man sollte aber – wie bei allen anderen Handarbeiten auch – immer darauf achten, keine verkrampfte Haltung einzunehmen, damit Hals- und Rückenwirbel nicht überbeansprucht werden.

Garn

Zum Knüpfen ist jedes Garn geeignet, das eine relativ gute Festigkeit hat. Anfänger sollten zunächst mit Nylongarn beginnen, weil es sich leichter knüpfen läßt und klare Muster ergibt. Anfang dieses Jahrhunderts gab es Baumwollgarn, ähnlich unserem Perlgarn, das sich an den Enden nicht auflöste. Leider müssen die Enden heute fast immer abgeknotet werden.
Man unterscheidet zwischen Natur- und Kunstfasern.
Naturfasern als Knüpfgarn sind Hanf, Jute, Sisal, Baumwolle, Leinenzwirn aus Flachs usw.
Kunstfasern als Knüpfgarn sind Nylon, Perlon, Polyester, Acryl usw.
Es gibt aber auch Kombinationen beider Faserarten, zum Beispiel Viskose-Sisal.

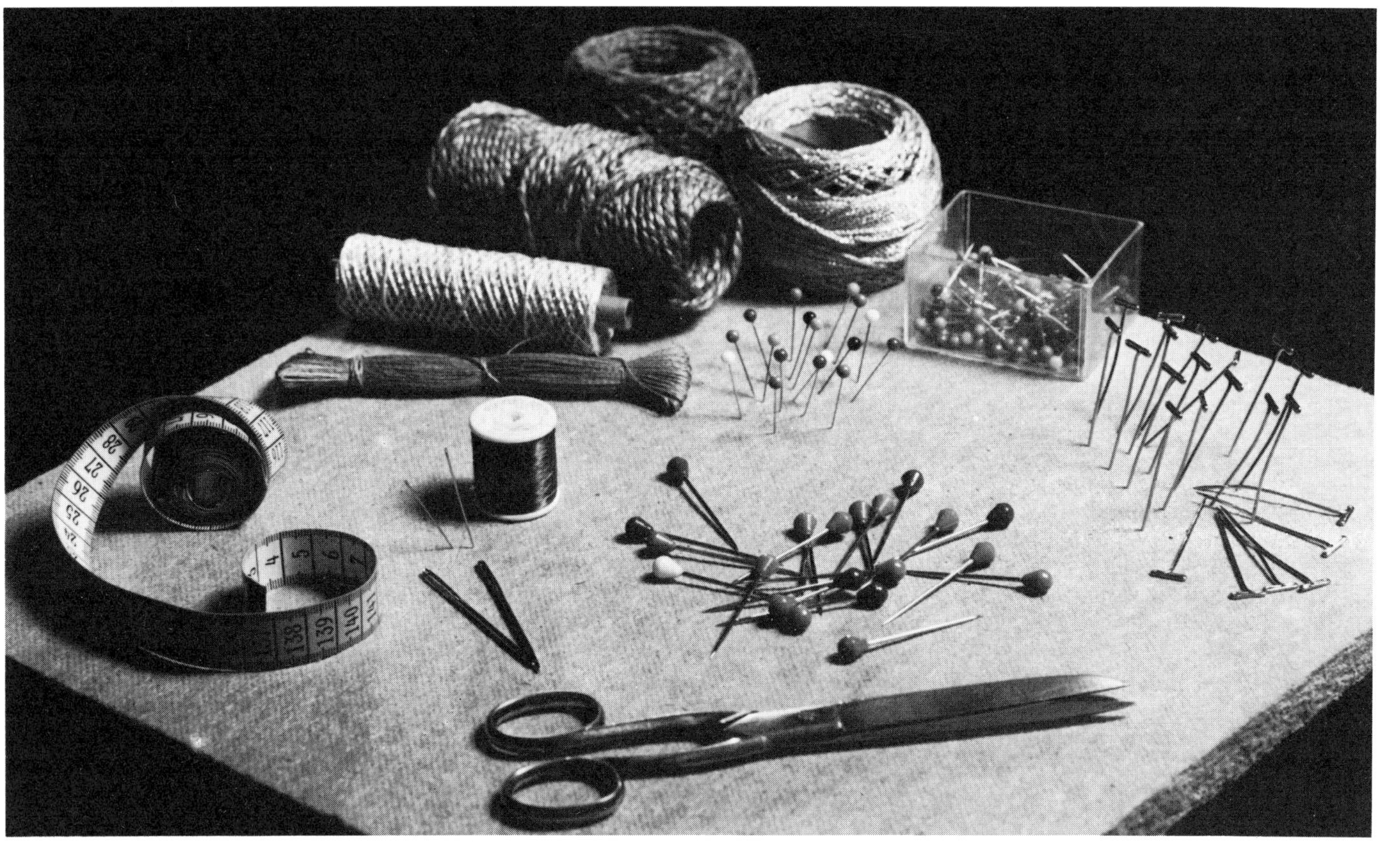

Die Kunstfasern haben meist einen seidigen Glanz und sind weicher und elastischer.
Garne wie dünner Bindfaden und Wurstgarn (in Schlachthöfen erhältlich) oder Strohbindegarn (im Landhandel erhältlich) lassen sich sehr gut verarbeiten.
Auch Bast und Lederstreifen wären als Knüpfmaterial noch zu erwähnen.
Wer Rustikales schätzt, findet sicher Gefallen an Manila oder Tauwerk (in Seilereien erhältlich).
Grundsätzlich wichtig ist, daß das Garn in seiner Struktur immer zur beabsichtigten Arbeit paßt, denn nicht jedes Garn eignet sich für alle Knoten, Muster und Objekte.
Bei allen Garnen muß man beim Kauf von der Stärke ausgehen, also vom Durchmesser in Millimetern, weil 2fach, 4fach oder 6fach usw. nicht bei jedem Hersteller dieselbe Stärke bedeutet.

Kleines Materiallager

Zweckmäßig ist ein kleines Materiallager, auch wenn es – wie das Foto zeigt – im äußersten Winkel des Hauses, unter dem Dach, Platz findet. Hier kann man alles unterbringen und seine kleine Kramecke einrichten.

Färben des Garns

Naturfasern, aber auch Kunstfasern lassen sich relativ gut einfärben. Dazu besorgt man Batikfarbe und richtet sich ganz nach der beiliegenden Anleitung.
Das Garn sollte immer vor dem Färben zugeschnitten werden, und zwar wegen einer eventuellen Schrumpfung etwas länger als angegeben. Man legt die Fäden locker in die Farbflüssigkeit; sie sollten ganz bedeckt sein. Zum Trocknen wird das gefärbte Garn an einen schattigen Platz gehängt.

Es gibt heute jedoch fast jedes Material in so vielen Farben zu kaufen, daß man sich diese Arbeit eigentlich ersparen kann. Außerdem verändert manches Garn durch den nachträglichen Färbeprozeß seine Eigenschaften; Sisal zum Beispiel verliert dadurch an Festigkeit.

Zuschneiden des Garns

Hier gibt es eine Faustregel: Eine Fadenlänge sollte – bei einem relativ lockeren Muster – mindestens viermal die Länge des fertigen Knüpfteils betragen. Da der Faden jedoch meistens doppelt eingehängt wird, muß er also achtmal so lang sein.
Soll ein Gürtel mit Schnalle beispielsweise 80 cm lang werden, muß man 80 x 4 = 3,20 m x 2 rechnen, also 6,40 m für eine Fadenlänge.
Bei einem sehr dichten Muster muß entsprechend mehr zugegeben werden. Bei der Cavandoli-Technik rechnet man bei doppelt eingehängten Fäden sogar 12- bis 14mal die Länge des fertigen Knüpfteils, je nach Stärke des Garns. Bei dickem Garn benötigt man natürlich mehr als bei dünnem.
Es empfiehlt sich immer, lieber etwas zuzugeben und ein paar Enden übrigzubehalten als ansetzen zu müssen.

Ansetzen des Garns

Ist ein Faden wirklich einmal zu kurz, dann wird er an einer günstigen Stelle so geschickt angenäht, daß man es gar nicht merkt. Dazu löst man beide Fadenenden etwas auf, legt sie zusammen oder dreht sie ineinander und vernäht sie mit sogenanntem „unsichtbarem Garn (Polyamid)", das in Handarbeitsgeschäften erhältlich ist, oder mit Angelsehne, die man in vielen Stärken in Sportgeschäften kaufen kann.

Material zum Einknüpfen

Hier gibt es unendlich viele Möglichkeiten: Perlen aus Holz, Glas, Keramik, Kunststoff, ferner Steine, Ringe, Holz, Zweige, Äste, Wurzeln, Strandgut und überhaupt alles, was dekorativ wirkt und dem Charakter des Knüpfteils entspricht.

Feststecken der Knüpffäden

Bei allen auf dem Knüpfbrett ausgeführten Knüpfarbeiten ist es sehr wichtig, die Fäden immer wieder festzustecken. Nur so erzielt man gut ausgewogene Muster und einen klaren Fadenverlauf. Außerdem erleichtert das Feststecken die Knüpfarbeit und läßt die einzelnen Muster übersichtlicher erscheinen.

Aufwickeln der Knüpffäden

Sind die Fäden sehr lang, so daß man sie vielleicht nicht in einem Arbeitsgang durch eine Schlinge ziehen kann, sollten sie zu einem Knäuel aufgewickelt und dieses mit einem Gummiring befestigt werden.

Ordner/Album

Sehr hilfreich ist ein Ordner oder ein Album mit alphabetischem Register. Alle ausgeführten Knüpfarbeiten, Abweichungen von Vorlagen, eigene Entwürfe sowie Garn- und Musterproben können hier übersichtlich geordnet und gesammelt werden, einschließlich der genauen Fadenlängen, Hersteller der Garne, Bezugsquellen, Qualitätsmerkmale, Farben, Preise usw.
Die „Profis" unter den Knüpfern sollten ihre „Werke" auch in Fotos festhalten, zumal sie sich doch hin und wieder von einem ihrer „Kunstwerke" trennen.
Auf diese Weise schafft man sich mit der Zeit ein eigenes verläßliches Nachschlagewerk.

Grundbegriffe

Zum Verständnis der nachfolgenden Knoten und Knüpfmuster ist es sehr wichtig, sich einige Ausdrücke einzuprägen.
Leitfaden: ein Faden, auf den die Arbeitsfäden geknüpft werden, der die Knüpfrichtung angibt oder den Mittelfaden zwischen Arbeitsfäden bildet, also ein passiver Faden.
Arbeitsfaden: ein Faden, mit dem geknüpft wird, also ein aktiver Faden.
Zusatzfaden: ein Faden, der bei bestimmten Knüpfmustern und Knüpftechniken zusätzlich benötigt wird.

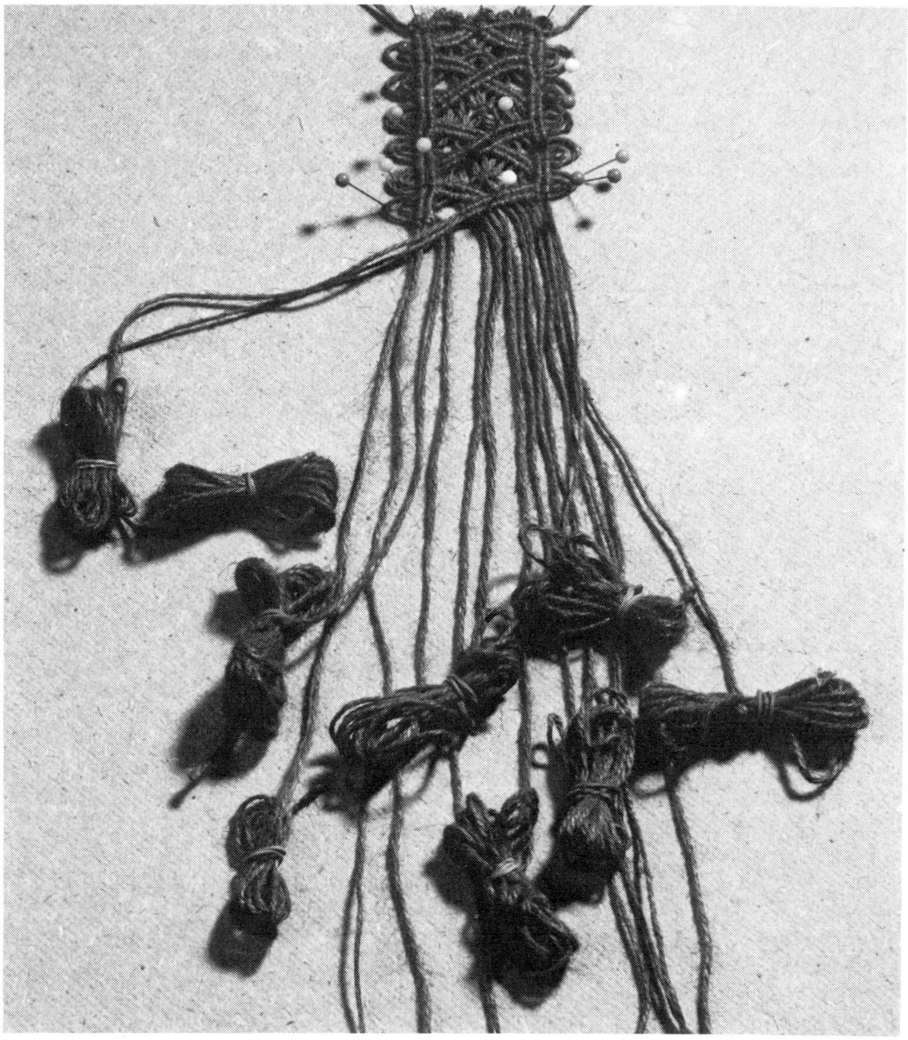

Einhängen der Knüpffäden

Um eine Knüpfarbeit zu beginnen, braucht man einen Ausgangspunkt. Dies kann ein Faden, Ring, Zweig oder Ast, eine Stange oder ähnliches sein.

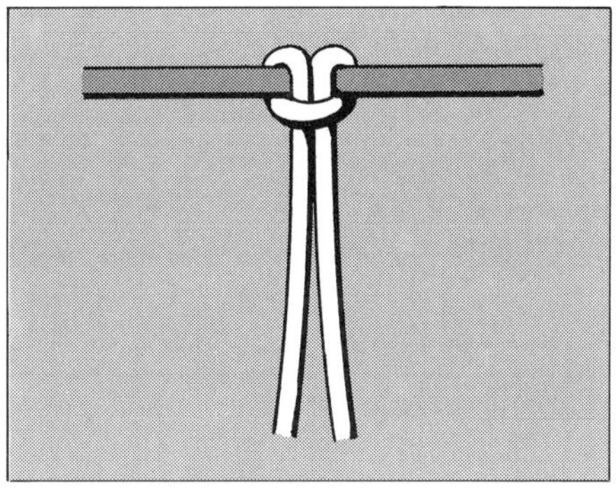

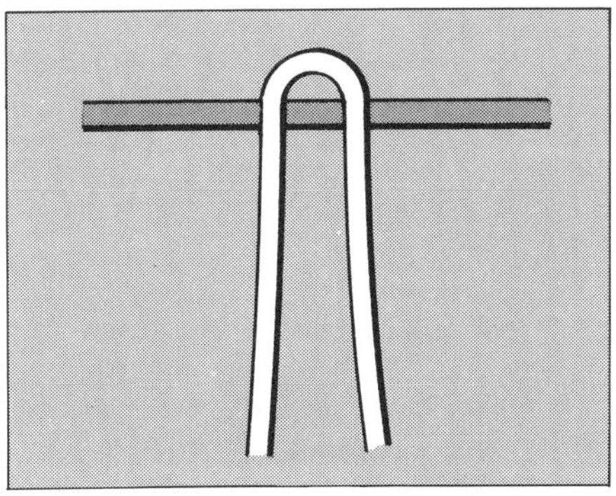

1 Alle Fäden werden in der angegebenen Länge zugeschnitten und doppelt gelegt. Die Schlinge des ersten Arbeitsfadens legt man nun auf den Leitfaden.

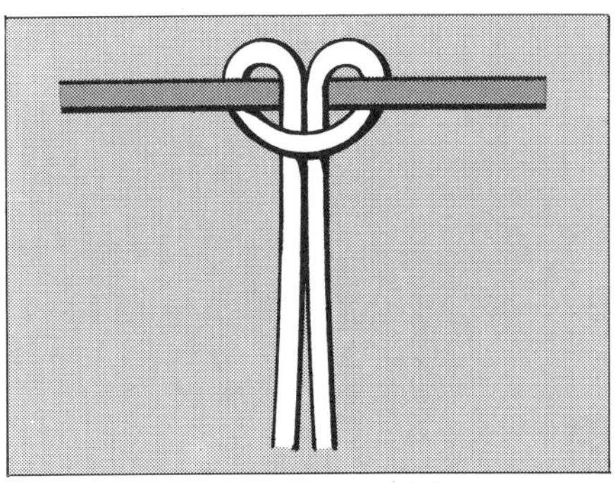

2 Man führt die Schlinge nach hinten herum und zieht beide Fadenenden hindurch. Auf der Vorderseite ergibt sich eine Schlaufe. Beide Fäden werden fest angezogen und der Knoten gegebenenfalls festgesteckt.

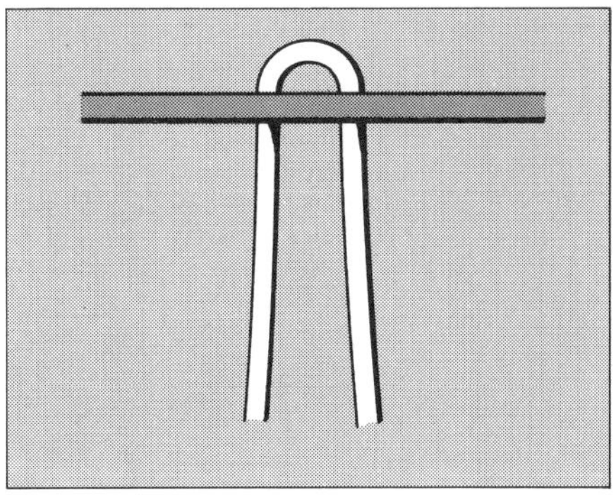

3 Ist die Einhängung aus optischen oder knüpftechnischen Gründen anders herum vorteilhafter, wird die Schlinge des doppelt gelegten Fadens unter den Leitfaden gelegt.

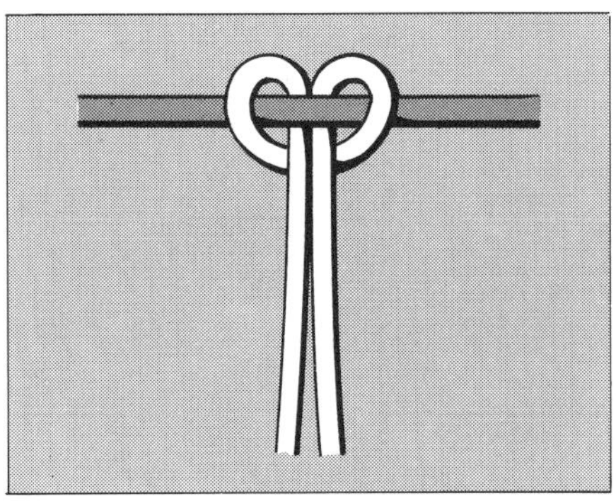

4 Man führt hier die Schlinge nach vorn herum und zieht beide Fadenenden hindurch. Die Schlaufe entsteht auf der Rückseite. Beide Fäden werden ebenfalls fest angezogen und der Knoten gegebenenfalls festgesteckt.

Erweitertes Einhängen der Knüpffäden

Stellt man fest, daß zwischen den doppelt eingehängten Fäden – beispielsweise auf einem Ring – noch zu große Lücken vorhanden sind, kann man die Knoten nach rechts und links erweitern.

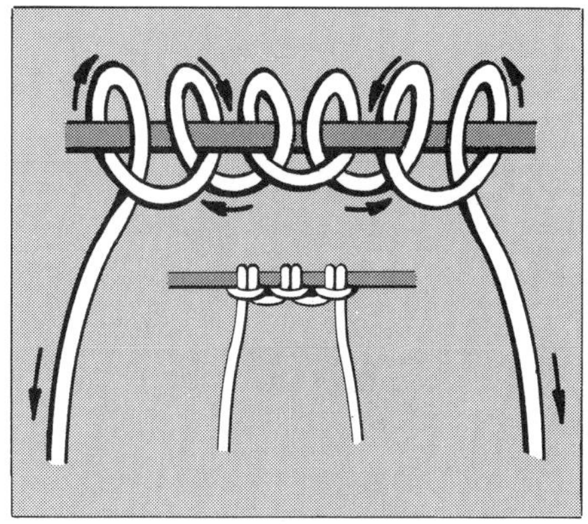

5 Dies geschieht, indem man mit jedem Faden 2 zusätzliche Schlingen ausführt. Auf diese Weise ergeben sich auf der Vorderseite 3 nebeneinander liegende Schlaufen.

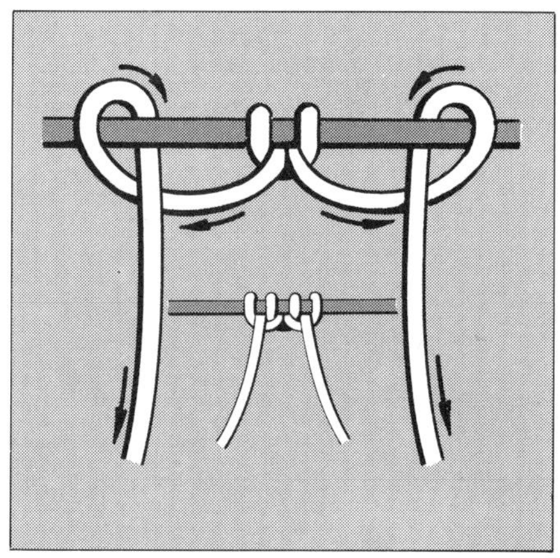

6 Hier wird der doppelt eingehängte Faden – mit der Schlaufe auf der Rückseite – erweitert, indem jeder Faden noch einmal von vorn nach hinten um den Leitfaden geschlungen wird. So erhält man eine doppelte Einhängung.

Weberknoten und verwandte Knoten

Unsere Großmütter nannten den Weberknoten noch „Jagdtaschenknoten". Er heißt heute auch „Doppelknoten" oder „Flachknoten" (engl. flat knot) und kann unendlich variiert werden.
Man kann den Weberknoten von links oder von rechts beginnen, sollte es sich jedoch angewöhnen, grundsätzlich von ein und derselben Seite anzufangen.

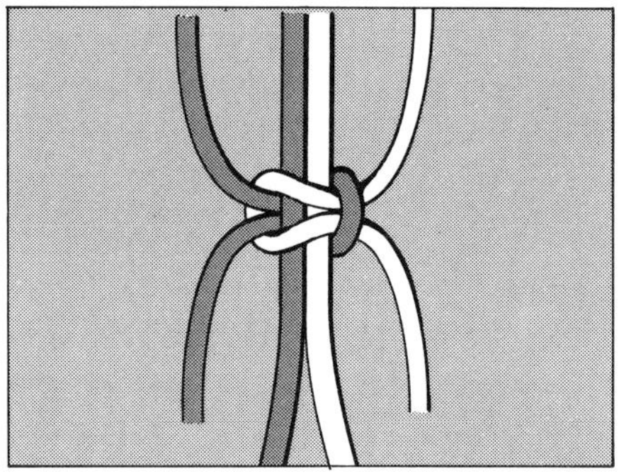

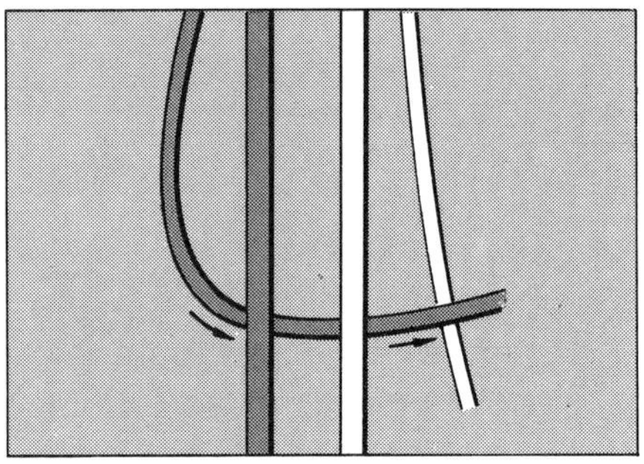

1 Man geht von 4 Fäden aus: 2 Arbeitsfäden rechts und links außen und 2 Leitfäden in der Mitte.
Der linke Arbeitsfaden wird unter die beiden Leitfäden, aber über den rechten Arbeitsfaden geführt.

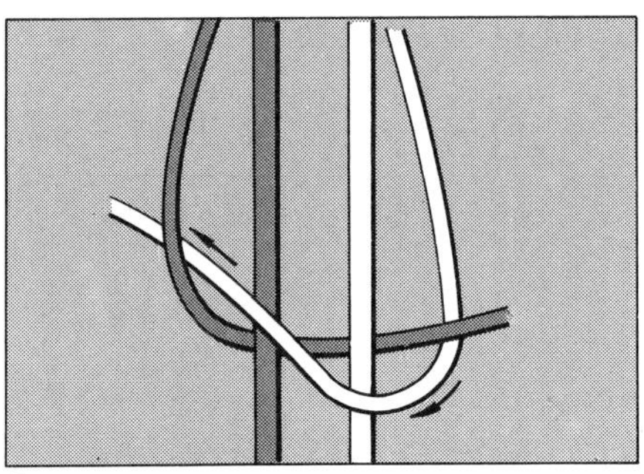

2 Der rechte Arbeitsfaden wird nun über beide Leitfäden geführt und durch die Schlinge des linken Arbeitsfadens gezogen. Beide Arbeitsfäden zieht man fest an, wobei auch die Leitfäden straff gehalten werden. Dies ist der halbe Weberknoten.

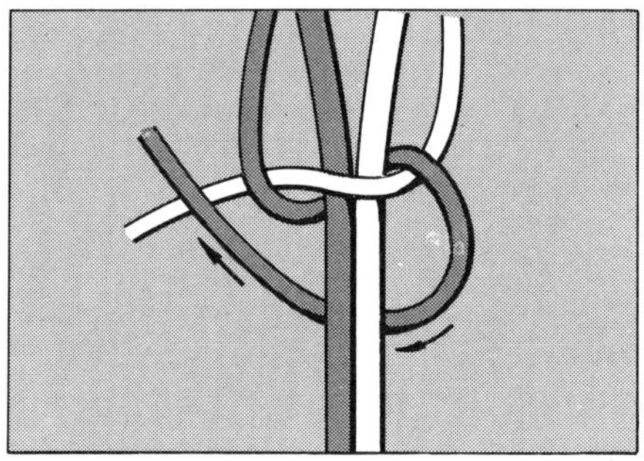

3 Spiegelbildlich dazu wird nun der rechts liegende linke Arbeitsfaden unter beide Leitfäden und über den links liegenden rechten Arbeitsfaden geführt.

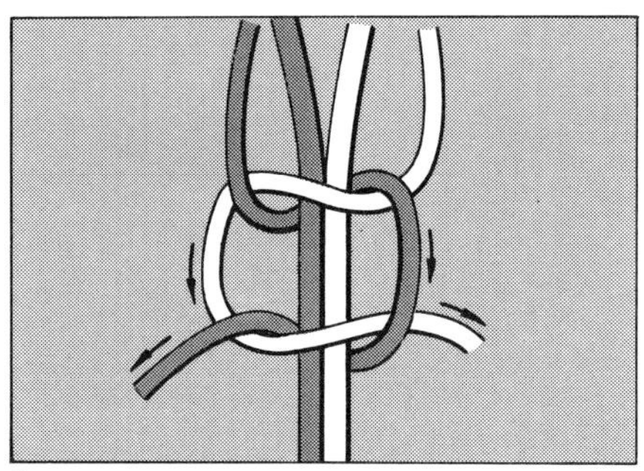

4 Den links liegenden rechten Arbeitsfaden führt man über beide Leitfäden und zieht ihn durch die Schlinge des rechts liegenden linken Arbeitsfadens. Beide Arbeitsfäden werden wieder fest angezogen. Rechts entsteht eine Schlaufe.

Halber Weberknoten oder Spiralknoten

In alten Büchern heißt dieser Knoten mit Recht „gedrehter Knoten", heute auch „Wellenknoten".

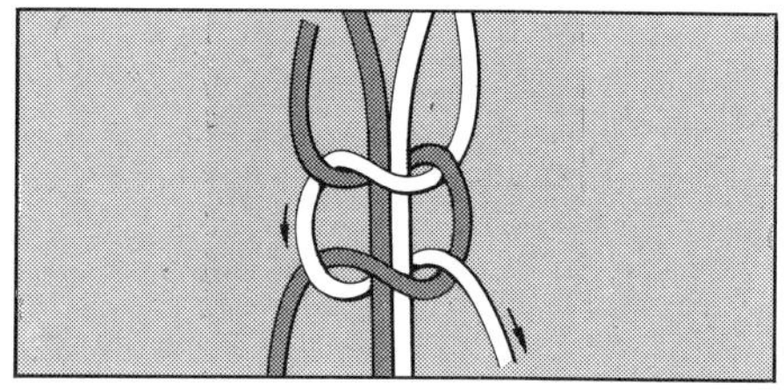

Die beiden ersten Arbeitsgänge werden wie beim Weberknoten ausgeführt, daher die Bezeichnung „halber Weberknoten".
Auch beim 3. und 4. Arbeitsgang wiederholt man die beiden ersten Arbeitsgänge.
Nach etwa 5 von links geknüpften halben Weberknoten dreht man den Strang um 180° nach links um und beginnt erneut von links. Nun sieht der Strang wie eine Spirale aus, daher die Bezeichnung „Spiralknoten".

Erbsknoten

Diese Variante des Weberknotens wird auch „Perlknoten" genannt, denn er hebt sich plastisch ab.

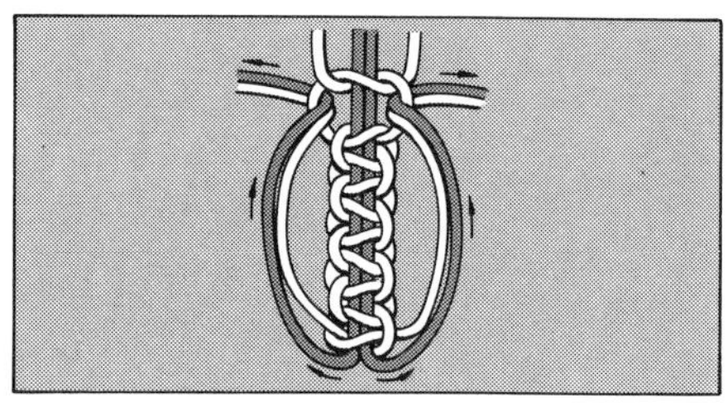

Nach 5 Weberknoten, wobei der 1. locker geknüpft wird, zieht man die beiden rechten Fäden durch die rechte und die beiden linken Fäden durch die linke Schlaufe des 1. Weberknotens und zieht ihn nun fest an.
In der herkömmlichen Form zieht man nur die beiden Leitfäden über dem 1. Weberknoten hindurch und knüpft unter dem Erbsknoten 1 Weberknoten mit allen 4 Fäden.

Flechtknoten

Dieser dem Weberknoten sehr ähnliche Knoten heißt auch „Victoriaknoten". Flechtknoten heißt er zu Recht, weil er eher geflochten als geknüpft wird.

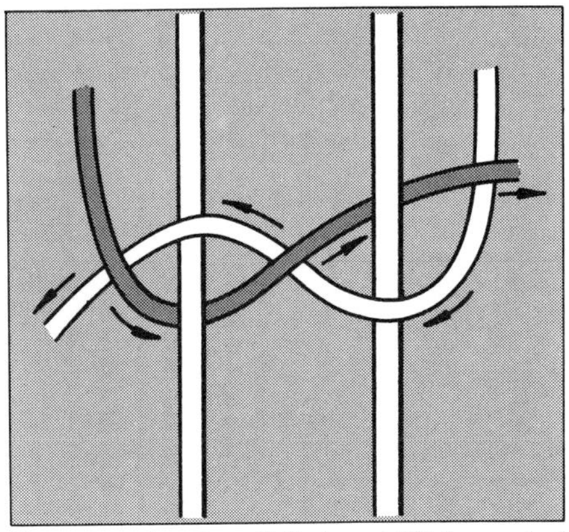

1 Von den benötigten 4 Fäden wird der linke Arbeitsfaden unter die beiden mittleren Leitfäden, aber über den rechten Arbeitsfaden geführt. Den rechten Arbeitsfaden führt man nun über den rechten Leitfaden, unter den linken Arbeitsfaden, über den linken Leitfaden und unter den linken Arbeitsfaden – wie eine 8.

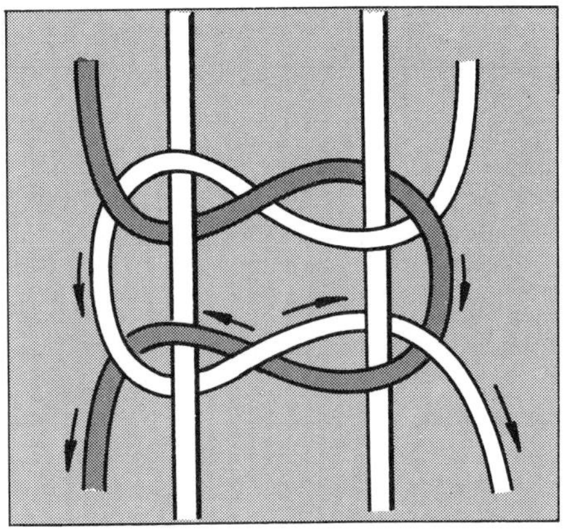

2 Den links liegenden rechten Arbeitsfaden führt man unter beide Leitfäden, aber über den rechts liegenden linken Arbeitsfaden. Dieser wird nun spiegelbildlich wie eine 8 nach links geflochten.

Feigenknoten

In alten Büchern heißt der Feigenknoten „blattartiger Knoten". Als solcher wird er auch oft für Blatt-, Blumen- oder Baummotive verwendet. Untereinander geknüpft, eignet sich der Feigenknoten auch als Strang für Blumenampeln, denn er hat ein sehr dichtes Gefüge, das sich auch bei Belastung nicht verzieht.
In alten Lehrbüchern erscheint der Feigenknoten oft in vielfachen Variationen auf kostbaren Abendtäschchen und „Pompadours".
Da er sich aus dem Flechtknoten entwickelt hat, wird auch er mit 4 Fäden geknüpft.

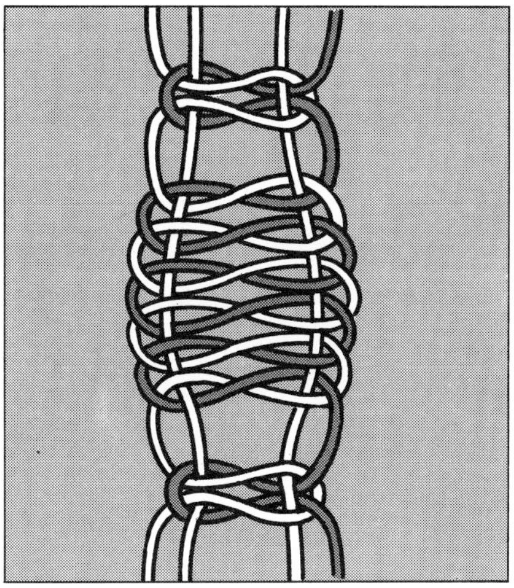

Man beginnt mit einem Weberknoten und knüpft darunter etwa 5 Flechtknoten, deren rechte und linke Schlingen zunehmend größer und dann wieder kleiner gehalten werden. Den Abschluß bildet wieder ein Weberknoten (auf dieser Zeichnung aus Gründen der besseren Übersicht in einem großen Abstand über und unter dem Flechtknoten dargestellt).

Kreuzknoten

Schon in altägyptischer Zeit wurde dieser Knoten als Ornamentknoten benutzt. Seeleute und Segler wenden ihn noch heute an, weil er sehr fest sitzt, sich aber auch leicht wieder lösen läßt.
Man könnte ihn auch als „Weberknoten ohne Leitfäden" bezeichnen.

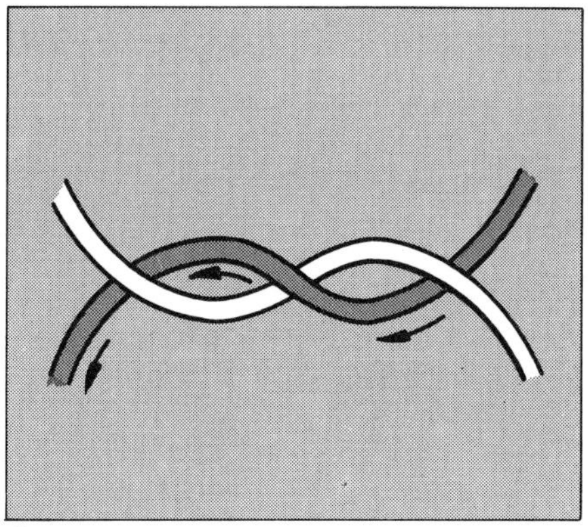

1 Beide Fäden werden über Kreuz gelegt, der linke über den rechten Faden.
Der rechte Faden wird nun von vorn nach hinten über den linken geführt und nach hinten durchgezogen – wie ein normaler Knoten.

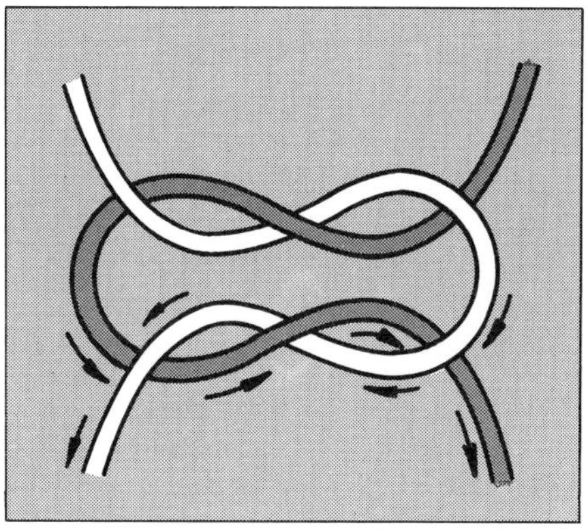

2 Nun wird der rechts liegende linke Faden mit dem links liegenden rechten Faden gekreuzt, wobei wieder der linke Faden oben liegt, und von hinten nach vorn durch die Schlinge gezogen.

Variationen mit Weberknoten

Dieses Muster, das aus 16 Weberknoten-Motiven besteht, wurde mit 10 doppelt eingehängten Fäden von 8 m Länge aus Nylongarn von 3 mm Durchmesser geknüpft. Zwischen den einzelnen Motiven wurden Rippenknoten-Reihen mit einem beidseitig abgeknoteten Zusatzfaden gearbeitet.

1 Mit je 4 Fäden werden 7 Weberknoten untereinander geknüpft, so daß sich 5 Weberknoten-Stränge ergeben.

2 Nach der 1. Reihe aus 5 Weberknoten wird jeder Weberknoten geteilt. Mit je 2 Fäden eines linken und rechten Weberknotens knüpft man in der 2. Reihe versetzte Weberknoten. Das gleiche wiederholt man in der 3. und 4. Reihe. Die beiden äußeren Fäden rechts und links bleiben daher in jeder 2. Reihe frei hängen.

3 Diese kleinen Picots entstehen, wenn man in regelmäßigen Abständen mit dem rechten und linken Arbeitsfaden in der gewünschten Länge Schlingen feststeckt und danach weiterknüpft.

4 Je 2 Weberknoten werden untereinander geknüpft und dann dreimal versetzt. Beidseitig bleiben die beiden äußeren Fäden in der 2. und 4. Reihe frei hängen.

5 Diese kleinen runden Schlingen zwischen den Weberknoten ergeben sich, wenn man die Arbeitsfäden nach jedem Weberknoten in der gewünschten Rundung feststeckt.

6 Aus je 5 Weberknoten untereinander werden Erbsknoten geknüpft, die dann zweimal versetzt werden. Die beiden äußeren Fäden rechts und links bleiben daher in der 2. Reihe frei hängen.

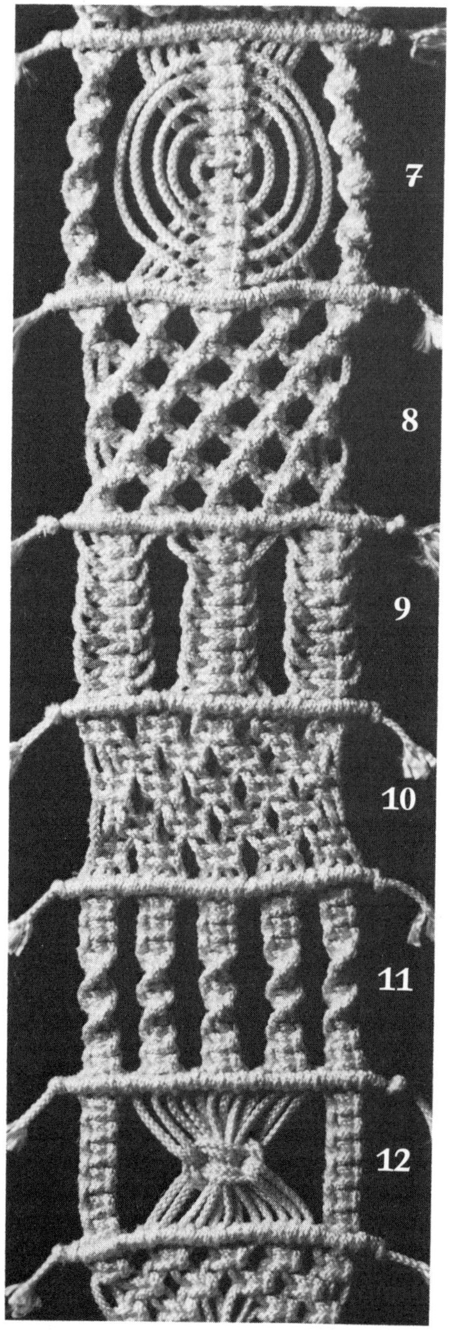

7 Außen: Spiralknoten mit je 4 Fäden. Der linke Spiralknoten wird von links und der rechte von rechts begonnen.

Mitte: Rundes Motiv mit 12 Fäden. Um beide mittleren Leitfäden wird mit dem 5. und 8. Arbeitsfaden 1 Weberknoten geknüpft, und beide Fäden werden nach oben gelegt. Die nächsten Weberknoten knüpft man mit den beidseitig folgenden Fäden und legt auch diese nach oben. Mit den beiden zuletzt geknüpften Arbeitsfäden steckt man 1 kleinen Kreis, knüpft 1 Weberknoten und läßt nun die Arbeitsfäden nach unten hängen. Die nächsten Kreise aus den Arbeitsfäden – in der Reihenfolge von unten nach oben – werden immer größer angelegt.

8 Diese Stränge aus 4 bis 5 halben Weberknoten werden nach jeder Drehung versetzt, insgesamt viermal. Beim 2. und 4. Strang bleiben die beiden äußeren Fäden frei hängen.

9 Bei den für dieses Motiv benötigten 6 Fäden wird der 1. Weberknoten mit dem 2. und 5. Arbeitsfaden um beide mittleren Leitfäden geknüpft. Den 2. Weberknoten knüpft man mit dem 1. und 6. Arbeitsfaden um beide Leitfäden und den 3. wieder mit den beiden ersten Fäden. Dies wird abwechselnd wiederholt. Der mittlere Strang hat 4 Leitfäden.

10 Je 2 halbe untereinander geknüpfte Weberknoten werden viermal versetzt. Auch hier bleiben zweimal die äußeren Fäden frei hängen.

11 Diese Stränge bestehen aus je 2 untereinander geknüpften Weberknoten, 1 Spirale mit 2 Drehungen und 2 Weberknoten.

12 Außen: Stränge aus Weberknoten mit je 4 Fäden.

Mitte: 2 halbe Weberknoten werden mit je 2 Arbeitsfäden über 8 mittlere Leitfäden geknüpft.

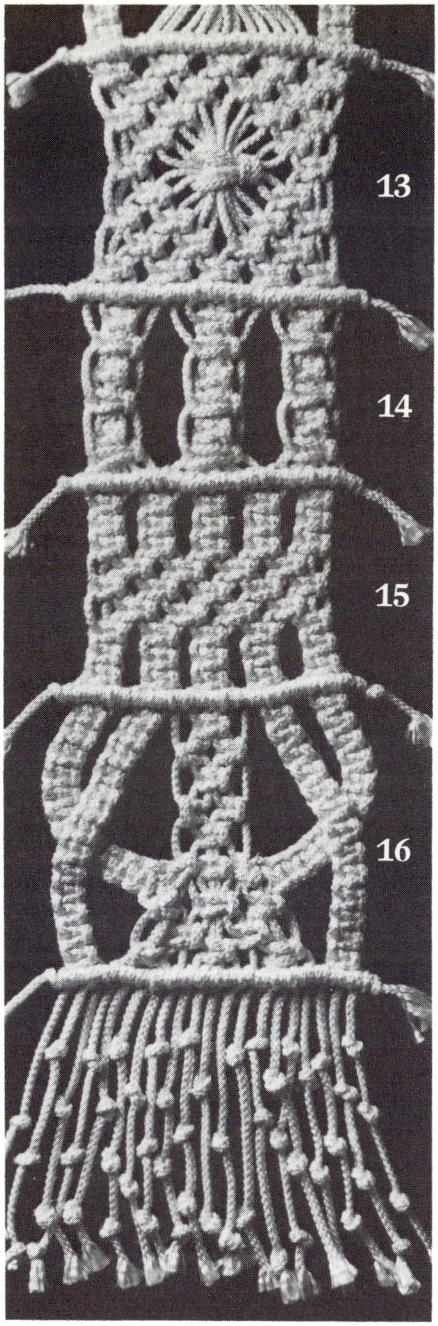

13 Bei diesem Motiv aus versetzten Weberknoten werden in der 3. Reihe der mittlere, in der 4. Reihe 2 mittlere und in der 5. Reihe 3 mittlere Weberknoten offen gelassen, um in der 5. Reihe mit je 2 rechten und linken Arbeitsfäden 1 großen Weberknoten über alle 8 mittlere Fäden zu knüpfen.
Danach knüpft man das Muster spiegelbildlich zu Ende.

14 Bei den für dieses Motiv benötigten 6 Fäden wird der 1. Weberknoten mit dem 2. und 5. Arbeitsfaden um die mittleren Leitfäden geknüpft. Den 2. Weberknoten knüpft man mit dem 1. und 6. Arbeitsfaden über alle 4 Fäden des 1. Weberknotens, den 3. Weberknoten wieder wie den 1., also nur um 2 Leitfäden, und den 4. Weberknoten wieder über 4 Fäden. Dies wird noch einmal wiederholt.
Der mittlere Strang hat 4 Leitfäden.

15 Dieses Motiv beginnt mit 5 Strängen aus je 3 Weberknoten, unterbrochen durch 3 Reihen versetzte Weberknoten, und endet wieder mit 5 Strängen aus je 3 Weberknoten.

16 Außen: Beidseitig knüpft man 2 Weberknoten-Stränge, davon je 1 Strang mit nur 1 Leitfaden.

Mitte: Mit 6 Fäden werden versetzte Weberknoten geknüpft, wobei die mittleren aus 4 und die äußeren nur aus 3 Fäden bestehen. Werden die äußeren Weberknoten von der Mitte aus begonnen, zeigen die Schlaufen nach außen.
In der 6. Reihe kommen die beiden äußeren Stränge hinzu, so daß noch 3 Reihen versetzte Weberknoten aus 12 Fäden folgen.

Als dekorativer Abschluß werden alle Endfäden in unregelmäßigen Abständen zwei- bis dreimal abgeknotet.

Rippenknoten

Neben dem Weberknoten ist dies der wichtigste Knoten. Er heißt auch „Cordonknoten" oder „Doppelschlag", weil er aus 2 halben Schlägen besteht. Seeleuten und Seglern ist der Begriff „halber Schlag" geläufig.
In seinen Variationen ist der Rippenknoten kaum zu übertreffen.

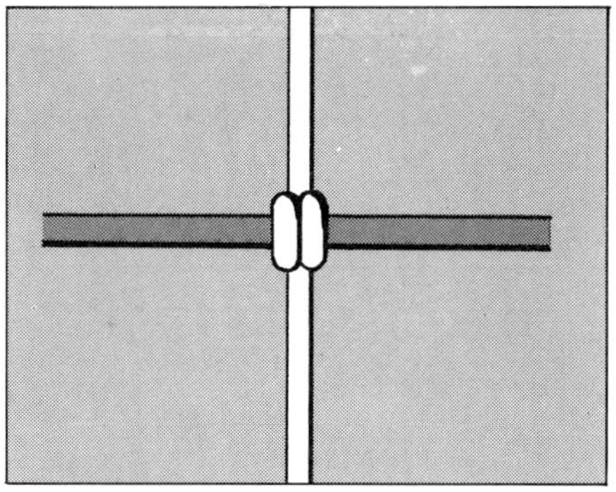

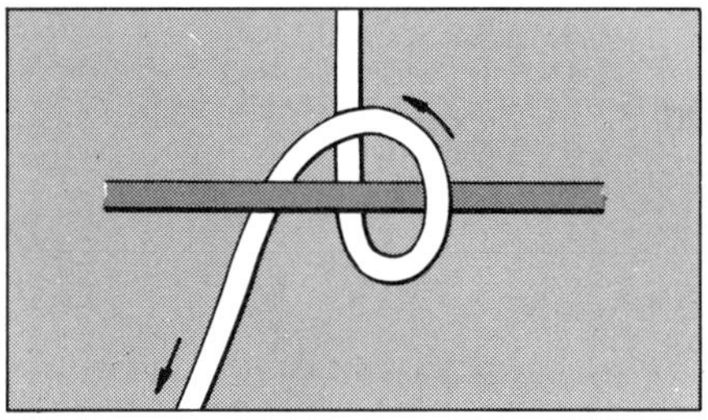

1 Man geht zunächst von 2 Fäden aus: 1 Leitfaden und 1 Arbeitsfaden. Der linke Faden wird in die rechte Hand genommen. Dies ist der Leitfaden, der immer straff über dem Arbeitsfaden gehalten werden muß (hier nach rechts), wobei der Zeigefinger darunter und der Daumen darauf liegt. Nun nimmt man den Arbeitsfaden in die linke Hand und schlingt ihn nach links über den Leitfaden.

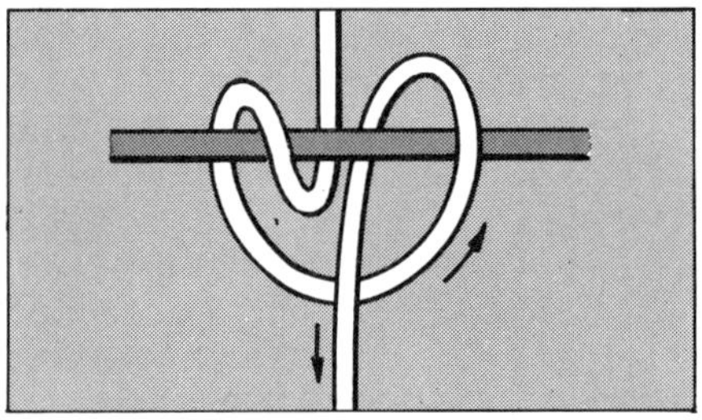

2 Der Arbeitsfaden wird noch einmal nach links über den Leitfaden geschlungen, so daß er in der Mitte der beiden Schlingen heraushängt. Man zieht den Leitfaden straff und schiebt die beiden Schlingen zusätzlich mit dem linken Daumennagel zusammen, damit sie lückenlos nebeneinander liegen.

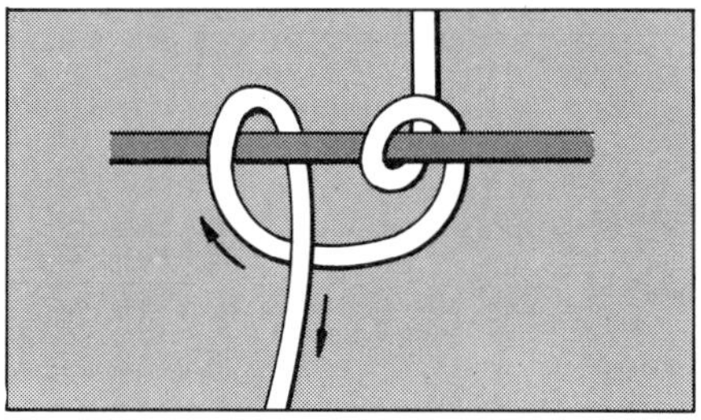

3 Dieser Rippenknoten ist spiegelbildlich geknüpft. Man nimmt hier zuerst den rechten Faden als Leitfaden in die linke Hand und schlingt den linken Arbeitsfaden zweimal nach rechts über den Leitfaden. Auch hier hält man den Leitfaden wieder straff und kann die beiden Schlingen des Rippenknotens mit dem rechten Daumennagel fest zusammenschieben.

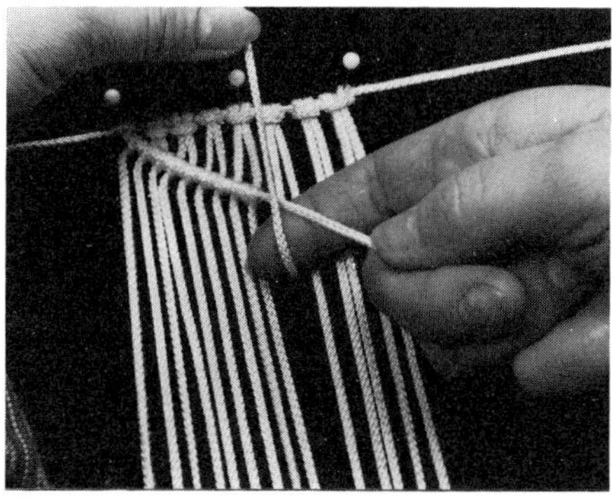

4 In die Richtung, in der der Leitfaden gehalten wird, verläuft auch die Rippenknoten-Reihe.
Auf diesem Foto wird eine diagonal nach rechts verlaufende Rippenknoten-Reihe gezeigt.

Cavandoli-Technik

Diese Knüpftechnik wurde Ende des 19. Jahrhunderts von Valentina Cavandoli in Italien entwickelt. Sie besteht aus Rippenknoten, die – je nach Muster – in horizontaler und vertikaler Richtung in mindestens zwei Farben geknüpft werden.
Mit dieser Technik kann jedes Kreuzstichmuster nachgearbeitet werden, so daß sich immer ein eng geknüpftes Teil ergibt, das wie gewebt aussieht. Man kann sich auch selbst ein Muster auf Karopapier entwerfen, wobei ein Kästchen immer ein Rippenknoten bedeutet.
Die Fäden müssen bei doppelter Einhängung etwa 12- bis 14mal so lang zugeschnitten werden wie das fertige Knüpfteil.
Für ein zweifarbiges Muster benötigt man neben den Fäden in der Grundfarbe noch einen sehr langen Faden in einer zweiten Farbe. Dieser muß öfter angesetzt werden, weil man ihn nicht genau berechnen kann.

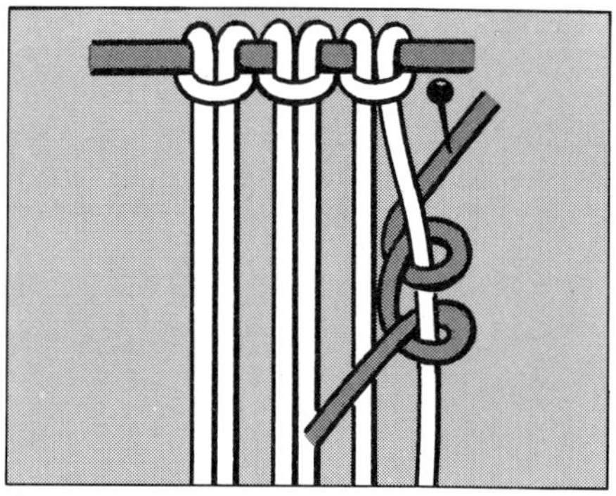

1 Man hängt 3 helle Fäden doppelt ein und steckt rechts davon einen längeren dunklen Faden fest. Nun nimmt man den äußeren rechten Faden als Leitfaden in die rechte Hand und schlingt den langen dunklen Faden mit der linken Hand wie einen Rippenknoten – aber in vertikaler Richtung nach links – zweimal um den Leitfaden.

Der 2. Faden von rechts ist der nächste Leitfaden, er muß also auf dem dunklen Faden liegen.

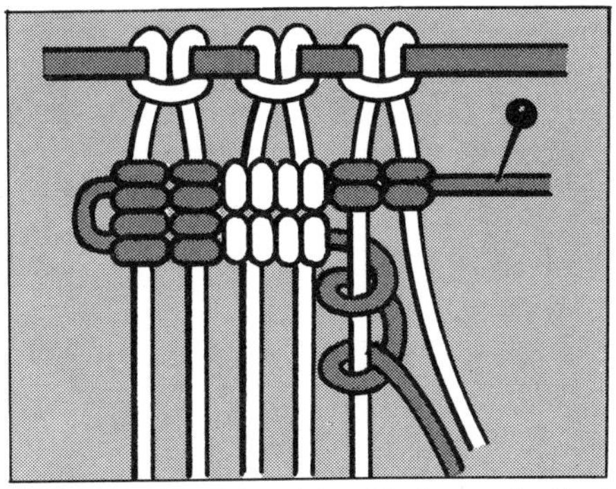

2 Mit dem dunklen Faden arbeitet man nun wieder einen Rippenknoten in vertikaler Richtung nach links. Die beiden nächsten Fäden werden als normale Rippenknoten, also in horizontaler Richtung, geknüpft, wobei nun der dunkle Faden der Leitfaden ist. Den zweitletzten und letzten Rippenknoten der 1. Reihe knüpft man wieder in vertikaler Richtung mit hellen Leitfäden.
In der 2. Reihe arbeitet man von links weiter. Man nimmt den 1. hellen Leitfaden nun in die linke Hand und knüpft den 1. Rippenknoten in vertikaler Richtung nach rechts, genauso den 2. Rippenknoten. Die beiden nächsten Fäden werden wieder in horizontaler Richtung auf den dunklen Faden als Leitfaden geknüpft. Danach ändern sich wieder die Leitfäden, damit das Muster oben dunkel erscheint.
Natürlich kann man, wie wir es an modernen Objekten noch zeigen werden, auch mit mehreren Farben arbeiten. Will man eine gleichmäßige Oberfläche erzielen, müssen alle Fäden die gleiche Garnstärke aufweisen und möglichst auch mit derselben Garnsorte eines Herstellers geknüpft werden.
In der freien Gestaltung werden mit unterschiedlichen Garnstärken sehr interessante Effekte erzielt, die zu erproben sich lohnt.

Variationen mit Rippenknoten

Dieses Muster besteht aus 13 Rippenknoten-Motiven. Die waagerechten Trennungen sind Rippenknoten-Reihen mit einem beidseitig abgeknoteten Zusatzfaden.

1 Rautenmuster mit 20 Fäden: Mit den beiden mittleren Fäden wird 1 Rippenknoten geknüpft, dessen Fäden nun die Leitfäden des Rautenmusters bilden. Man knüpft mit allen 9 linken und 9 rechten Fäden diagonal von innen nach außen je 1 Rippenknoten-Reihe, steckt diese an den Außenkanten fest und knüpft spiegelbildlich alle Fäden wieder diagonal von außen nach innen ein.

2 Windmühlenflügel-Muster mit je 10 Fäden: Diagonal von außen nach innen werden je 3 Rippenknoten-Reihen untereinander geknüpft, wobei immer der äußere Faden der neue Leitfaden ist. In der Mitte verbindet man die beiden 3. Leitfäden durch 1 Rippenknoten. Nun werden spiegelbildlich dazu wieder 3 Rippenknoten-Reihen diagonal von innen nach außen geknüpft, wobei immer der innen liegende Faden der neue Leitfaden ist.

3 Blattmuster mit 20 Fäden: Auf die beiden äußeren Fäden als Leitfäden werden alle 9 Fäden diagonal von außen nach innen geknüpft. Das gleiche wiederholt man mit den beiden nächsten äußeren Fäden als Leitfäden und versucht, eine Blattform herauszuarbeiten, wobei auch die beiden 1. Leitfäden eingeknüpft werden. In der Mitte verbindet man die Leitfäden durch 1 Rippenknoten und knüpft spiegelbildlich den 2. Teil des Blattmusters.

4 Kleine volle Rauten mit je 10 Fäden: Auf die beiden mittleren Fäden als Leitfäden werden diagonal von innen nach außen je 4 Rippenknoten geknüpft. Alle folgenden Reihen beginnt man wieder von der Mitte aus und knüpft in der 2. Reihe 3, in der 3. Reihe 2 und in der 4. Reihe 1 Rippenknoten. Die beiden äußeren Fäden bilden nun die Leitfäden für eine Rippenknoten-Reihe im rechten Winkel dazu. In der Mitte verbindet man beide Leitfäden durch 1 Rippenknoten und wiederholt dasselbe Muster darunter.

5 Außen: Rippenknoten-Stränge mit je 2 Fäden: Hier ist immer der innen liegende Faden der Leitfaden.
Mitte: Offene Raute mit 16 Fäden: Nach 1 mittigen Rippenknoten knüpft man auf beide Leitfäden mit allen 9 rechten und 9 linken Arbeitsfäden diagonal von innen nach außen je 1 Rippenknoten-Reihe, wobei alle Arbeitsfäden als Leitfäden einbezogen werden. Bei den spiegelbildlich dazu diagonal von außen nach innen geknüpften Reihen bleibt nach jedem Rippenknoten der Arbeitsfaden hängen.

6 Versetzte Rippenknoten-Reihen mit je 5 Fäden: Auf den äußeren linken Faden als 1. Leitfaden wird diagonal von außen nach innen 1 Reihe aus 4 Rippenknoten geknüpft und darunter eine 2. Reihe. Dasselbe Muster wird noch dreimal nach rechts wiederholt. Nun beginnt man mit dem 3. Faden des 2. Musters als Leitfaden und knüpft im rechten Winkel dazu 2 Reihen aus je 4 Rippenknoten, wobei 2 Fäden des 1. Musters einbezogen werden. Dies wird wiederholt.

7 Außen: Wellenförmiges Muster mit je 7 Fäden: Auf den äußeren Leitfaden knüpft man diagonal von außen nach innen mit 6 Fäden 1 Rippenknoten-Reihe und versucht, ein wellenförmiges Muster herauszuarbeiten, indem man die Reihen an den Rundungen enger knüpft.
Mitte: Kleine Rauten aus Rippenknoten mit 6 Fäden.

8 Außen: Zickzack-Muster mit je 3 Fäden: Mit den äußeren Fäden als Leitfäden knüpft man 1 Zickzack-Muster, das in jeder Schräge aus 2 Rippenknoten besteht.
Mitte: Pfeilmuster mit 14 Fäden: Auf die äußeren Leitfäden knüpft man 1 Rippenknoten-Reihe diagonal von außen nach innen und verbindet beide Leitfäden durch 1 Rippenknoten, wobei der linke Faden der Leitfaden ist. Dies wird noch fünfmal wiederholt.

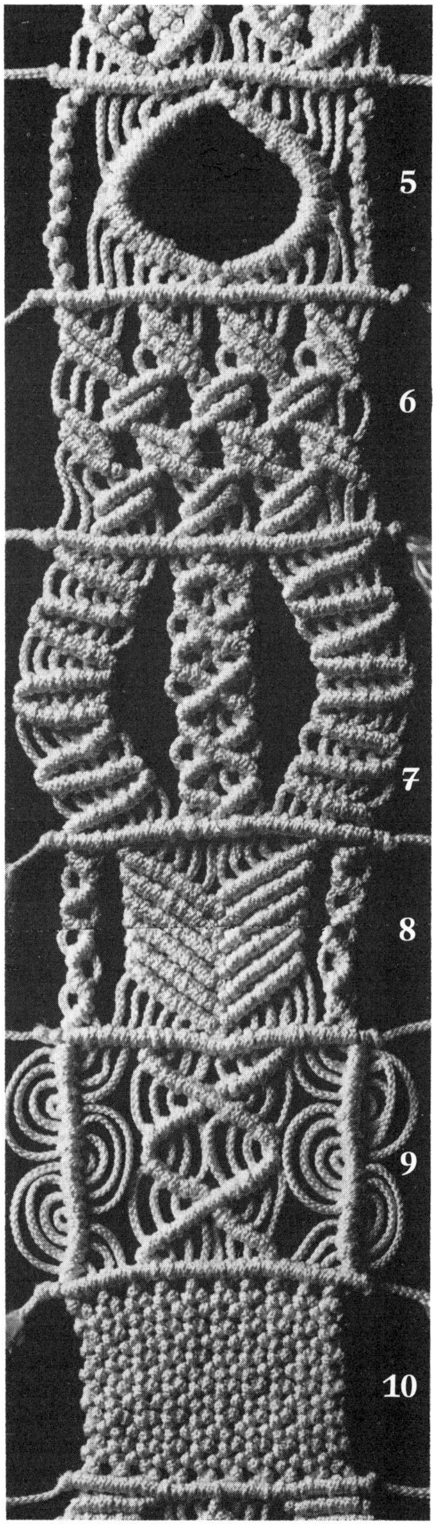

9 Außen: Spiralförmiges Muster mit je 5 Fäden: Auf den 1. Faden als Leitfaden knüpft man mit dem 2. Faden von links 1 Rippenknoten in vertikaler Richtung nach links und wiederholt das gleiche mit dem 2., 3. und 4. Faden. Mit dem unteren Faden steckt man nun einen kleinen Halbkreis und knüpft ihn in vertikaler Richtung nach rechts. Die nächsten Halbkreise werden entsprechend größer angelegt. Dieses Muster wiederholt man spiralförmig nach unten.
Mitte: Rautenmuster mit 10 Fäden.

10 Perlmuster mit 20 Fäden: In der 1. Reihe knüpft man von links nach rechts mit je 2 Fäden 1 Rippenknoten, wobei immer der linke Faden der Leitfaden ist, also der 1., 3., 5., 7. Faden usw. In der 2. Reihe wird das Muster um 90 Grad versetzt, wobei wieder jeder 2. Faden der Leitfaden ist, beginnend mit dem 3. Faden von links, also 3., 5., 7. Faden usw. Dies wird noch sechsmal wiederholt.

11 Außen: Ecken mit je 6 Fäden: Links: Mit dem 6. Faden als Leitfaden knüpft man von rechts nach links 1 Rippenknoten-Reihe und darunter weitere 5 Reihen, wobei immer der 6. Faden von links der Leitfaden ist. Nach der 6. Reihe werden spiegelbildlich dazu von links nach rechts wieder 6 Rippenknoten-Reihen geknüpft, wobei nun immer der 1. Faden von links der Leitfaden ist.
Mitte: Pfeilmuster mit 8 Fäden: Dieses Muster beginnt immer von der Mitte aus.

12 Versetzte Flächen mit 20 Fäden: Mit dem 6. Faden als Leitfaden knüpft man diagonal von innen nach außen 1 Rippenknoten-Reihe und darunter weitere 4 Reihen mit dem 7., 8., 9. und 10. Faden als Leitfaden, die jedesmal tiefer beginnen. Ebenso wird das rechte Viereck gearbeitet. Das mittlere um 90 Grad versetzte Viereck beginnt mit den beiden mittleren Fäden. Seitlich werden

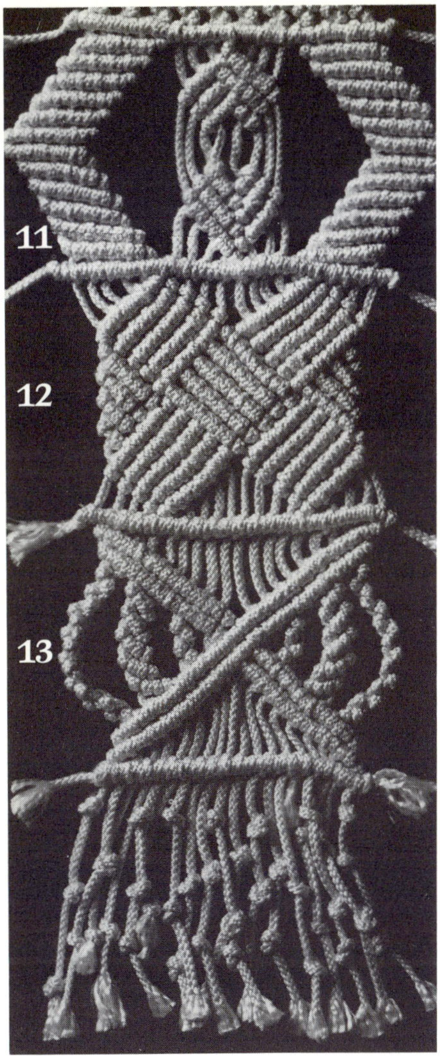

2 gegenläufige Dreiecke geknüpft und anschließend mit allen Fäden 2 um 90 Grad versetzte Vierecke.

13 Kreuzmuster mit 20 Fäden: Bei diesem Kreuz aus 2 Rippenknoten-Reihen werden die Fäden in der Mitte auf die rechten Leitfäden geknüpft. Mit je 2, 3 und 2 Fäden arbeitet man rechts und links Rippenknoten-Bögen.
Überhandknoten in unregelmäßigen Abständen bilden den Abschluß.

Angewandte Cavandoli-Technik

Die waagerechten Trennungen sind mittige Rippenknoten-Reihen (siehe Seite 54).

1 Raute mit Cavandoli-Technik: Nach je 1 Rippenknoten-Reihe diagonal von innen nach außen knüpft man mit den beiden mittleren Fäden 1 Rippenknoten. Dies sind nun die Arbeitsfäden für je 8 Rippenknoten in vertikaler Richtung nach außen. Die Innenkante der Raute beginnt mit 1 mittleren Rippenknoten. Die Raute spiegelbildlich beenden.

2 Rippenknoten-Muster aus kleinen Rauten: Man verbindet den 5. und 6. Faden durch 1 Rippenknoten und knüpft mit je 5 Fäden diagonal von innen nach außen Rippenknoten-Reihen. In der 2. Rippenknoten-Reihe ist jeweils der mittlere Faden der Leitfaden. Dasselbe Muster wiederholt man mit den nächsten 10 Fäden und verbindet beide Rautenhälften durch 1 Rippenknoten. Die Rauten spiegelbildlich beenden.

3 Rippenknoten-Muster mit Picots: Nach 2 diagonal von innen nach außen geknüpften Rippenknoten-Reihen aus insgesamt 16 Fäden werden beide Leitfäden nun als Rippenknoten in vertikaler Richtung nach außen auf die beiden Außenfäden geknüpft. Man steckt je 2 Picots fest und knüpft die Fäden wieder in vertikaler Richtung nach innen auf beide Außenfäden. Nach 1 Kreuz aus den mittleren 6 Fäden wird das Muster spiegelbildlich beendet.

4 Abschluß: Der dreiecksförmige Auslauf der Arbeit besteht zunächst aus Rippenknoten zwischen mittigen Rippenknoten-Reihen. Dann folgt die Abschlußkante in Cavandoli-Technik, wobei die in vertikaler Richtung geknüpften Rippenknoten außen beginnen. Kapuzinerknoten bilden den Abschluß.

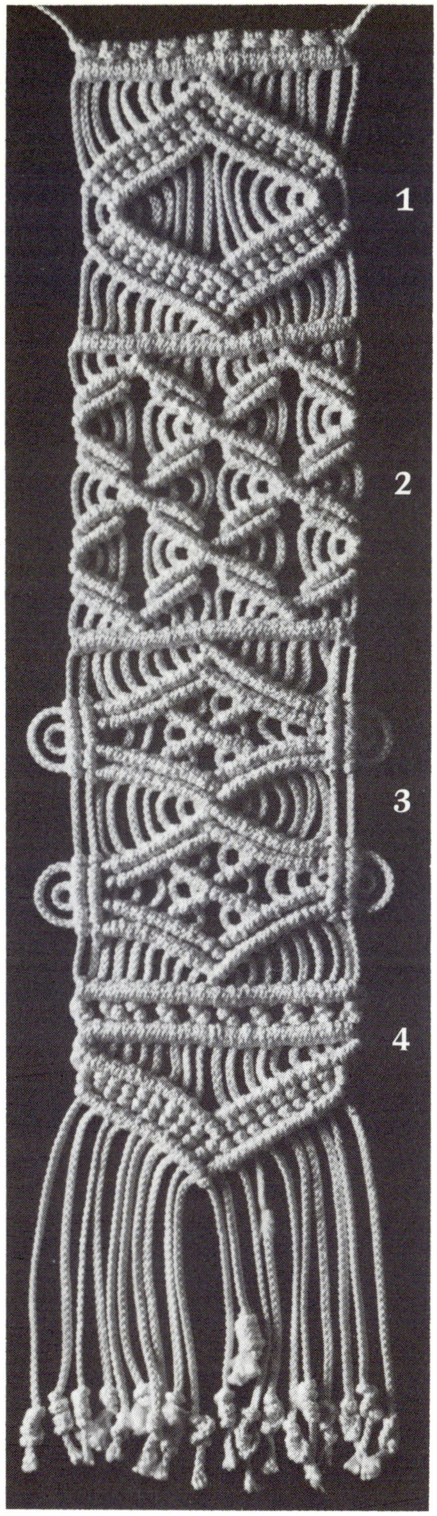

Mittige Rippenknoten-Reihe

Knüpft man beispielsweise 2 Muster untereinander, die durch eine Rippenknoten-Reihe unterbrochen werden sollen, oder braucht man bei einer Knüpfarbeit aus optischen Gründen eine Trennung, empfiehlt es sich, hier eine mittige Rippenknoten-Reihe zu wählen.
Diese hat den Vorteil, daß sie, wie der Name schon sagt, genau mittig liegt und nicht um einen Rippenknoten nach rechts oder links – je nach Beginn der Rippenknoten-Reihe – verschoben ist, so daß dann auch das Muster nicht mehr genau in der Mitte liegt.
Da die mittige Rippenknoten-Reihe über je 1 Leitfaden von rechts nach links geknüpft wird, müssen diese beiden Fäden entsprechend länger zugeschnitten werden. Eine solche mittige Rippenknoten-Reihe wird natürlich doppelt so dick wie eine Rippenknoten-Reihe mit nur 1 Leitfaden.

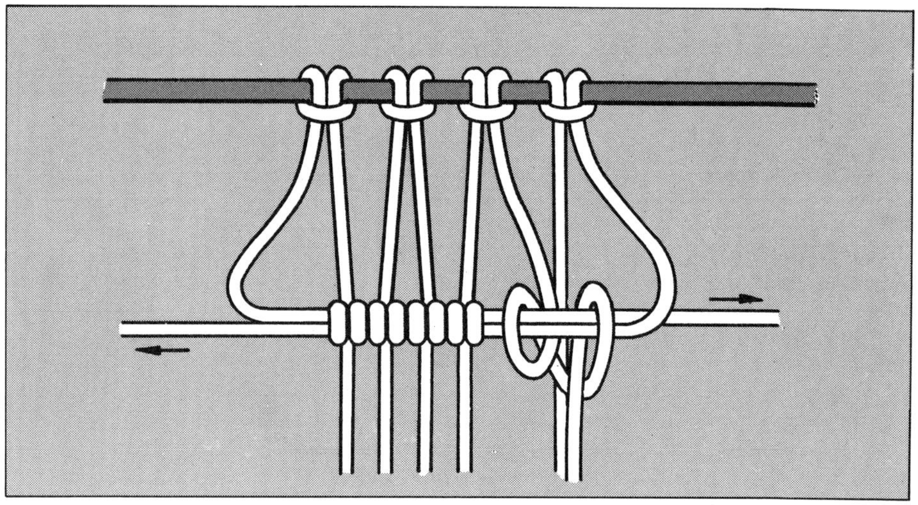

In unserer Zeichnung sind wir von 4 doppelt eingehängten Fäden ausgegangen. Der 1. und 8. Faden werden locker übereinandergelegt, wobei der linke Leitfaden nach rechts und der rechte Leitfaden nach links hinübergelegt wird. Nun kann man entweder von rechts oder von links beginnen.

Beginnt man von links, nimmt man beide Leitfäden in die rechte Hand und knüpft, mit dem 2. Faden von links beginnend, 1 Rippenknoten-Reihe aus 6 Arbeitsfäden über beide Leitfäden.
Zum Schluß werden die Leitfäden vorsichtig so fest angezogen, wie es nach dem Muster erforderlich ist.

Einknüpfen zusätzlicher Fäden

Es gibt viele Möglichkeiten, zusätzliche Fäden in ein vorhandenes Muster einzuknüpfen. Hier werden die beiden einfachsten gezeigt.

Weberknoten-Muster

Knüpft man ein Muster aus versetzten Weberknoten auf einer Fläche, die immer breiter wird – beispielsweise bei einem Lampenschirm –, kann man in jeden Weberknoten 1 doppelt gelegten neuen Faden mit einknüpfen, indem man diesen nach vorn oder hinten heraushängen läßt.

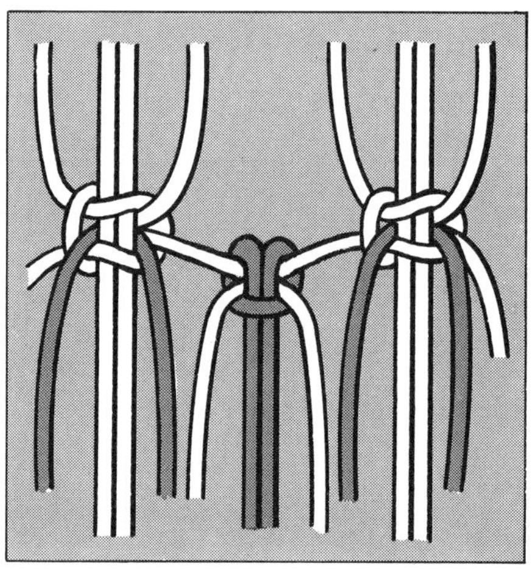

Legt man nun 2 nebeneinander hängende Arbeitsfäden zweier Weberknoten über Kreuz, kann auf diese Verbindung noch 1 Faden – oder auch mehrere – doppelt eingehängt werden.

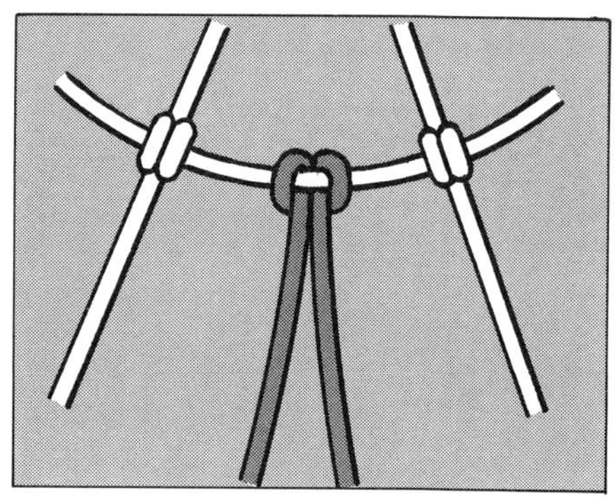

Rippenknoten-Muster

Knüpft man ein Rippenknoten-Muster, zum Beispiel ein Deckchen, das von der Mitte aus beginnt, kann man beliebig viele neue Fäden zwischen die einzelnen Rippenknoten-Reihen doppelt einhängen. Dabei sollten die Schlaufen jedoch auf der Rückseite liegen, damit sich die neuen Fäden optisch an die Knoten anpassen.

Überhandknoten

Der Überhandknoten (engl. overhand knot) gilt als der älteste Knoten der Menschheit.
Er stellt außerdem die einfachste Verbindung zweier Fäden oder Fadengruppen dar. Früher hieß er „Netzknoten", weil vor allem Fischernetze, Hängematten, aber auch Gepäcknetze daraus geknüpft wurden.

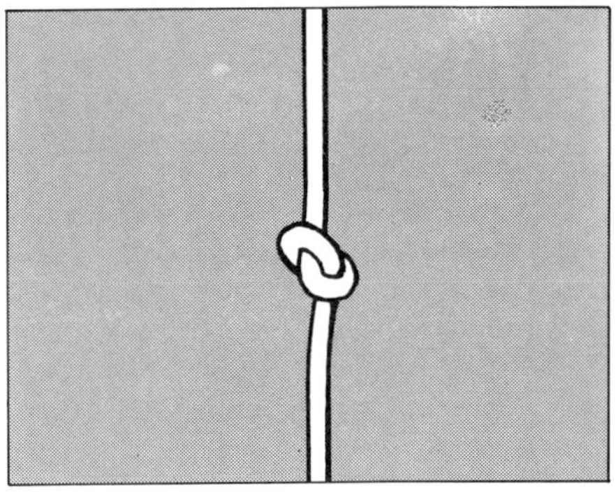

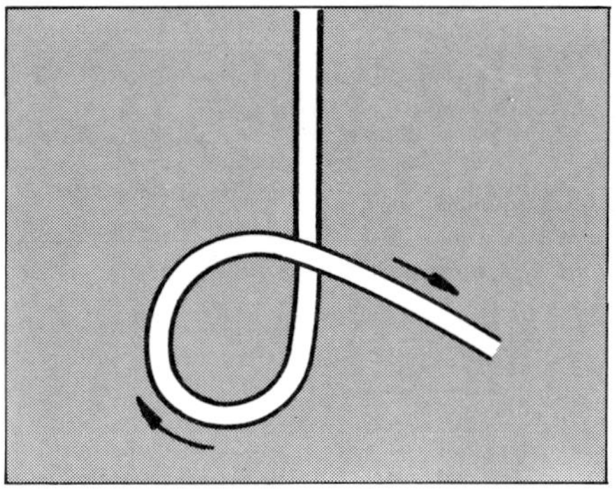

1 Man benötigt nur 1 Faden. Zuerst wird 1 Schlinge nach links auf den herunterhängenden Faden gelegt.

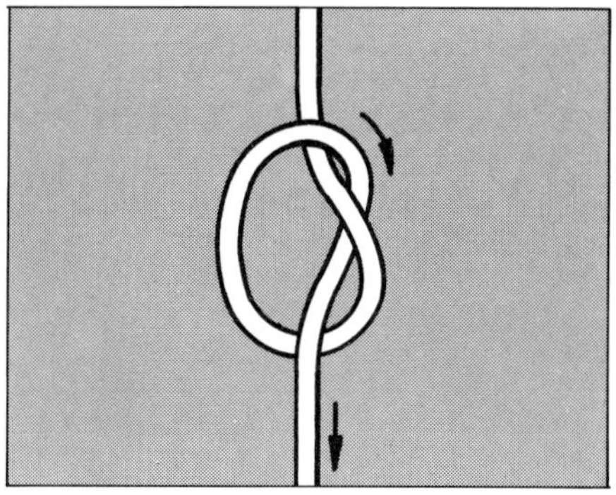

2 Nun führt man das Fadenende von hinten nach vorn durch diese Schlinge und zieht den Knoten fest an.
Um den Überhandknoten an eine bestimmte Stelle zu bekommen, steckt man durch die noch offene Schlinge eine Nadel an diese Stelle und zieht den Knoten dann fest.

Filetknoten

Auch dieser Knoten gilt als einer der ältesten Knoten, denn im Grunde ist er ein um 1 Leitfaden geknüpfter Überhandknoten. Heute ist er noch bei den Naturvölkern anzutreffen.
Er eignet sich überall dort, wo er die Verbindung zweier Fäden oder Fadengruppen bilden kann.
Um die Jahrhundertwende war er ein sehr beliebter Zierknoten, wird in der neueren Fachliteratur aber kaum noch als solcher geführt.

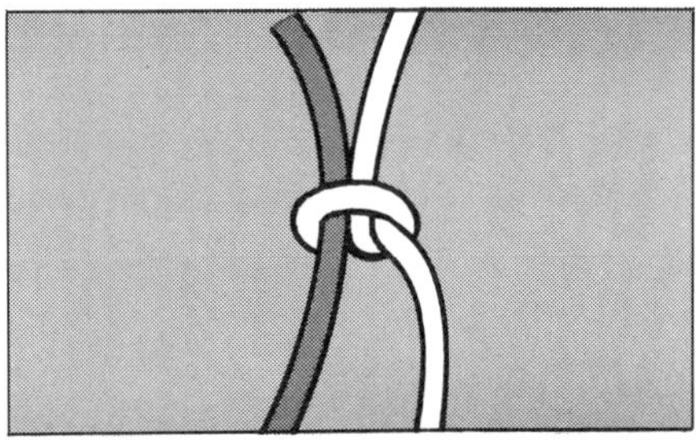

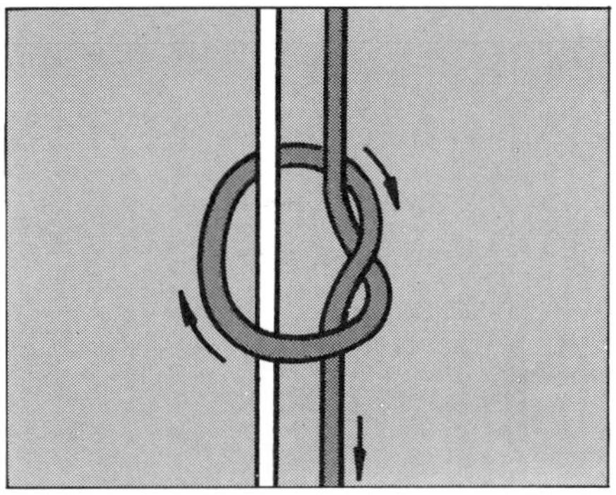

1 Man geht von 2 Fäden aus. Beide Fäden hält man in der linken Handfläche mit dem Daumen fest und führt den rechten Faden mit der rechten Hand um den Daumen herum und unter die beiden Fäden nach rechts hindurch. Das Fadenende wird nun von oben nach unten durch die Schlinge gezogen, so daß vorn eine horizontal verlaufende Schlaufe entsteht.

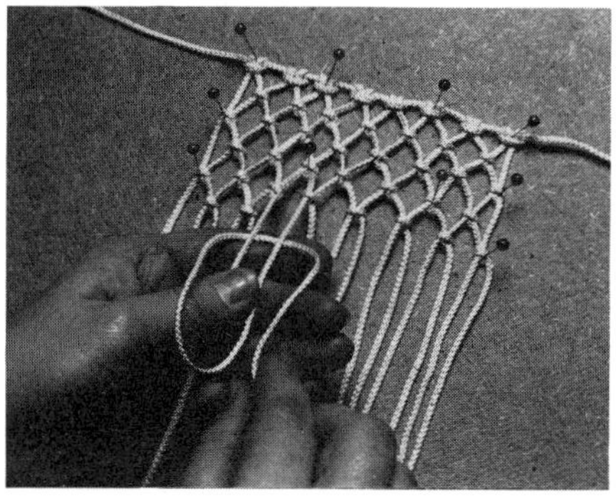

2 Auf dem Foto werden versetzte Filetknoten gezeigt, die um die linke Hand geknüpft werden.
Natürlich kann man den Filetknoten auch spiegelbildlich knüpfen, indem man beide Fäden in die rechte Hand nimmt.

Schlingenknoten

Dieser Knoten heißt in alten Büchern „einseitiger Schlingknoten", weil die Schlingen immer nur von einer Seite ausgeführt werden. Er eignet sich gut als dekorativer Randabschluß und hat auf den ersten Blick große Ähnlichkeit mit dem Spiralknoten.

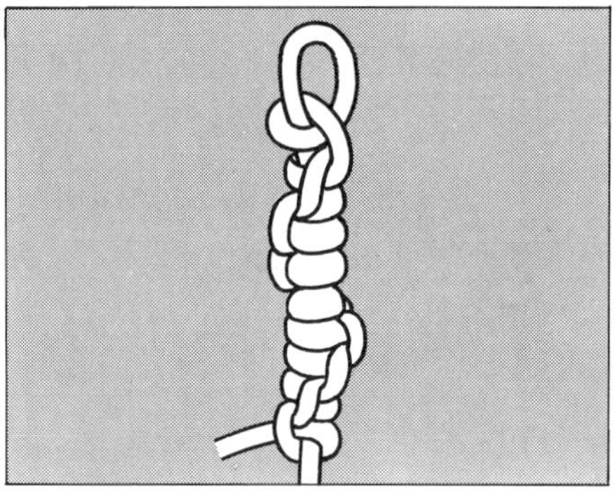

1 Man benötigt zwei Fäden: 1 linken Leitfaden und 1 rechten Arbeitsfaden. Der Leitfaden wird straff gehalten und der Arbeitsfaden von unten nach oben zuerst über, dann unter den Leitfaden geschlungen.

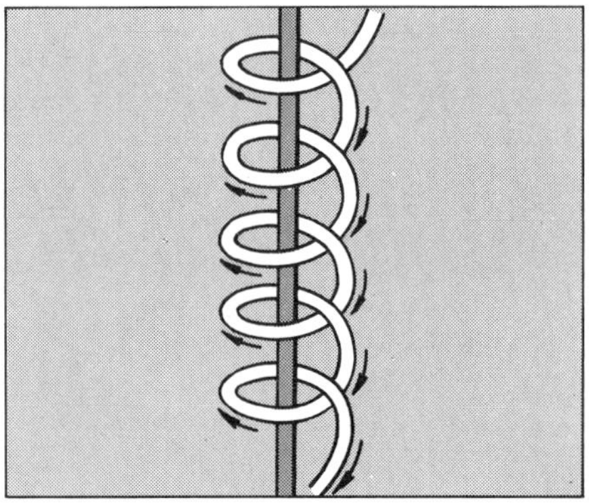

2 Dies wiederholt man etwa fünfmal, dreht den Strang um 180 Grad nach links um und beginnt wieder, mit demselben Arbeitsfaden von rechts nach links Schlingen um den Leitfaden zu knüpfen.

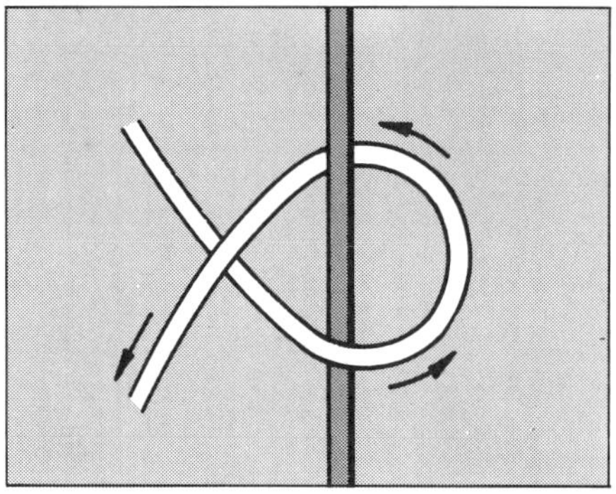

3 Hier befindet sich der Leitfaden auf der rechten und der Arbeitsfaden auf der linken Seite. Der Arbeitsfaden wird also genau entgegengesetzt von links nach rechts um den Leitfaden geschlungen.

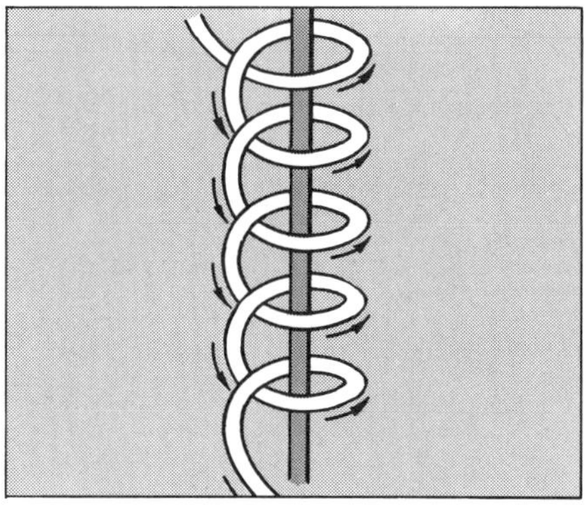

4 Nach etwa 5 von links nach rechts ausgeführten Schlingen dreht man den Strang um 180 Grad nach rechts um und schlingt denselben Arbeitsfaden wieder herum.

Zweiseitiger Schlingenknoten

Der Schlingenknoten kann auch zweiseitig ausgeführt, das heißt mit 1 rechten und 1 linken Arbeitsfaden um 1 Leitfaden geknüpft werden.

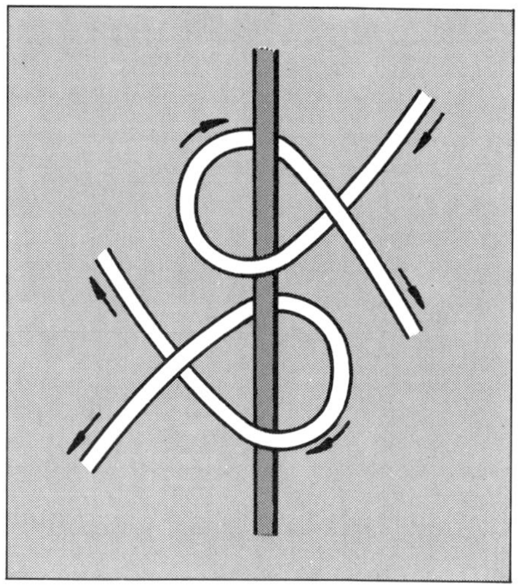

1 Man schlingt abwechselnd den rechten und den linken Arbeitsfaden um den Leitfaden.

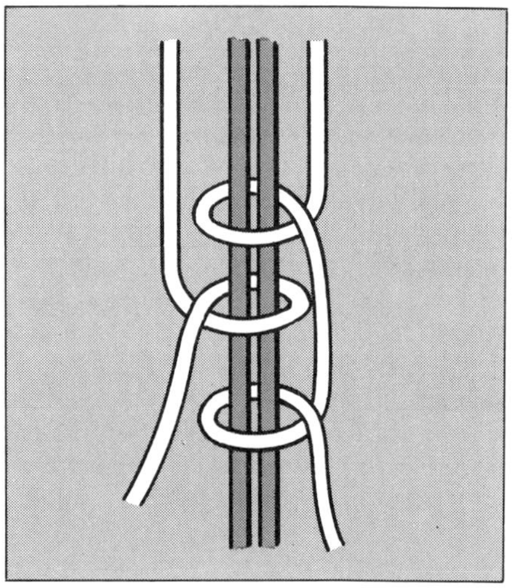

2 Der Leitfaden kann auch aus mehreren Fäden bestehen und die Arbeitsfäden ebenso aus Fadenbündeln.
Wird ein solcher zweiseitiger Schlingenknoten in lockerer Form ausgeführt, ergibt sich ein sehr dekoratives Muster.

Schiffchenknoten

Dieser Knoten hieß früher „Kettenknoten" und wurde immer dann angewandt, wenn die Fäden in den Zwischenräumen nicht frei hängen sollten; aber auch als Abschluß ist er anstelle von Fransen sehr dekorativ.

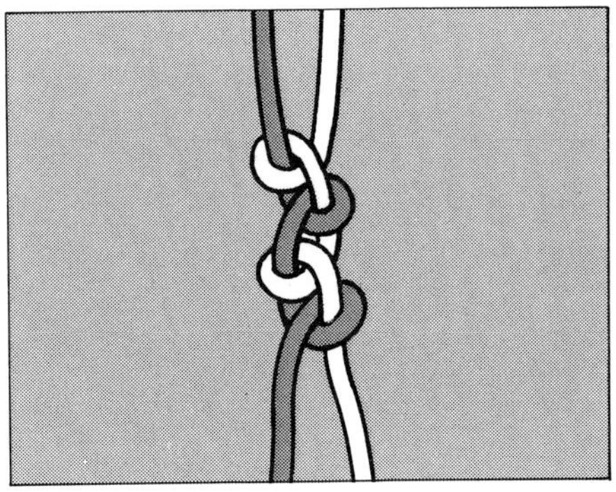

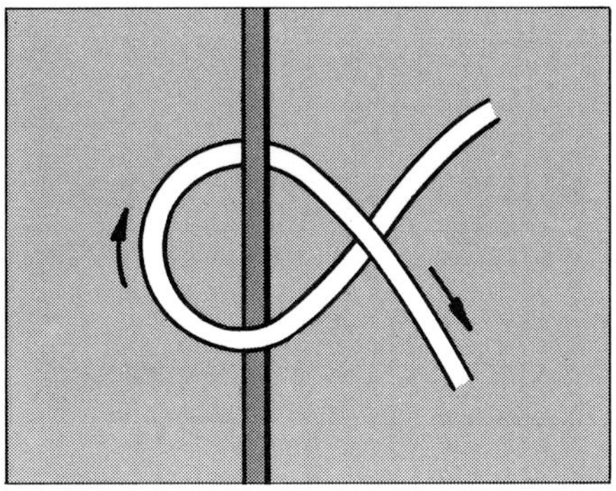

1 Man benötigt zwei Fäden. Zuerst hält man den linken Faden straff und schlingt den rechten – wie beim Schlingenknoten – von unten nach oben herum.

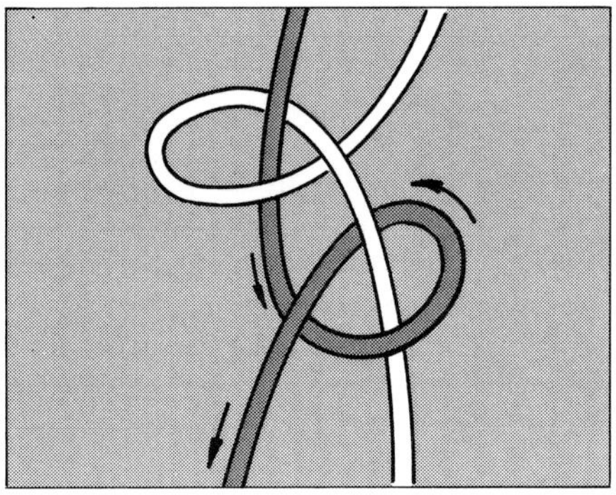

2 Dann hält man den rechten Faden straff und schlingt den linken von unten nach oben herum. Dies wird abwechselnd weitergeführt.
Wird der Schiffchenknoten mit mehr als 2 Fäden, also 2 Fadenbündeln, geknüpft, heißt er „doppelter Schiffchenknoten".

Frivolitéknoten

Schon die alten Ägypter kannten den Frivolitéknoten als dekorativen Abschluß unter Webarbeiten. Er hat viele Namen: „Langettenknoten", „Frivolitätenknoten", „Occhiknoten", „doppelter Schlingenknoten".

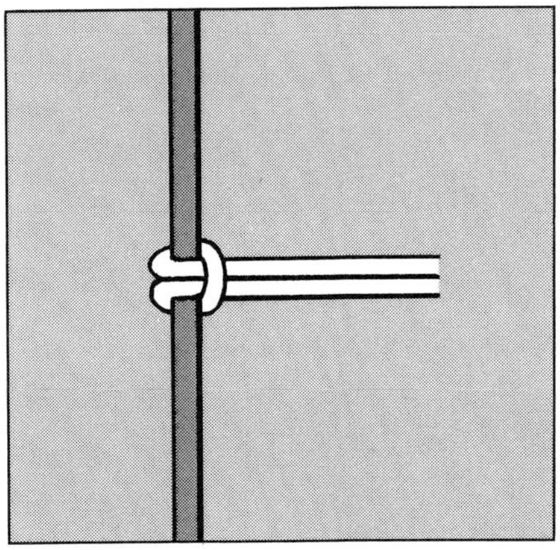

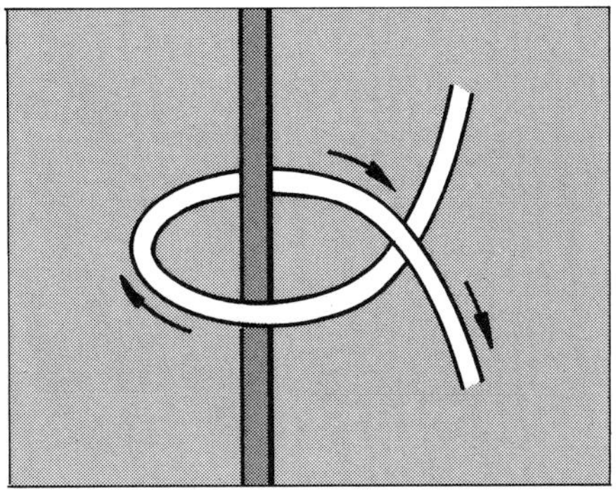

1 Auch hier werden zwei Fäden benötigt. Zuerst hält man den linken Leitfaden straff und schlingt den rechten Arbeitsfaden – wie beim Schlingenknoten – von unten nach oben herum.

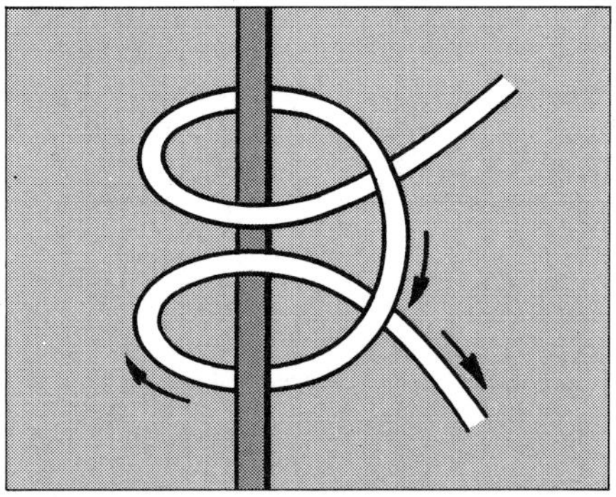

2 Der linke Leitfaden wird weiter straff gehalten, denn der Arbeitsfaden wird ein 2. Mal herumgeschlungen, diesmal aber zuerst unter und dann über dem Leitfaden. Auf der rechten Seite entsteht eine vertikal verlaufende Schlaufe.
Der Frivolitéknoten läßt sich auch wechselseitig – mit je 1 Arbeitsfaden rechts und links – um einen oder mehrere Leitfäden arbeiten.

Josefinknoten

Der Josefinknoten, auch „Schleifenknoten“ oder „chinesischer Knoten“ genannt, ist ein sehr schmückender Knoten. Er wird überall dort geknüpft, wo eine lockere Verzierung gebildet werden soll und das Objekt nicht zu sehr auf Zug beansprucht wird. Er kann mit beliebig vielen Fäden, also 2 Fadengruppen, und auch versetzt geknüpft werden.
Wird der Josefinknoten mit mehreren Fäden geknüpft, ist es wichtig, daß diese nebeneinander liegen.

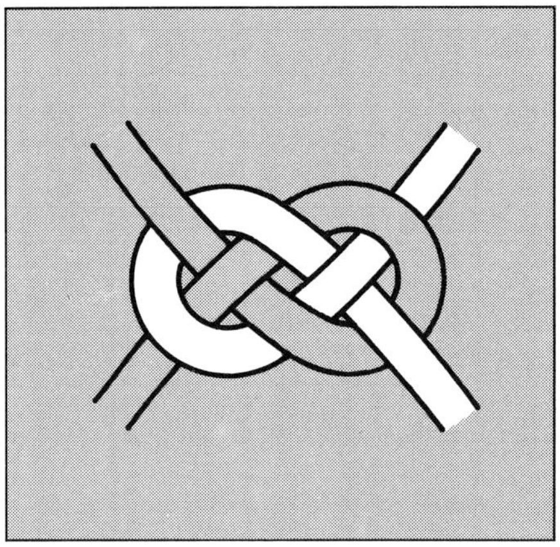

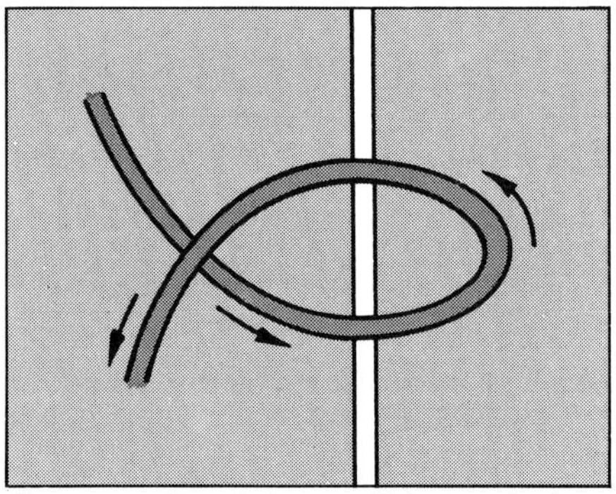

1 Man benötigt 2 Fäden. Mit dem linken Faden wird von unten nach oben eine Schlinge nach rechts auf den rechts herunterhängenden Faden gelegt.

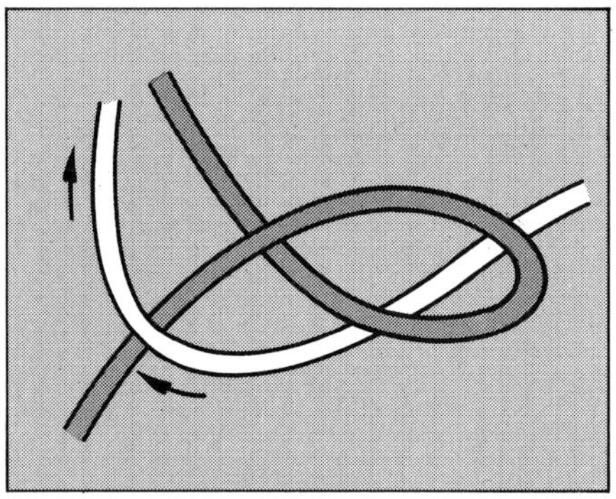

2 Nun führt man den rechten Faden von unten nach oben über das Ende des linken Fadens.

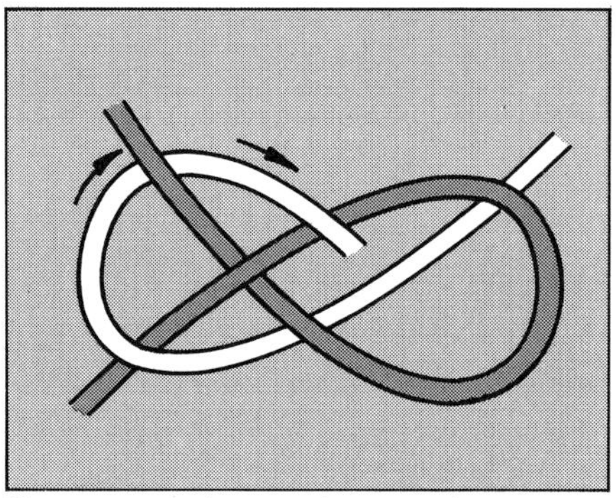

3 Der rechte Faden wird nun weiter unter den herunterhängenden linken Faden geführt und auf dessen Schlinge gelegt.

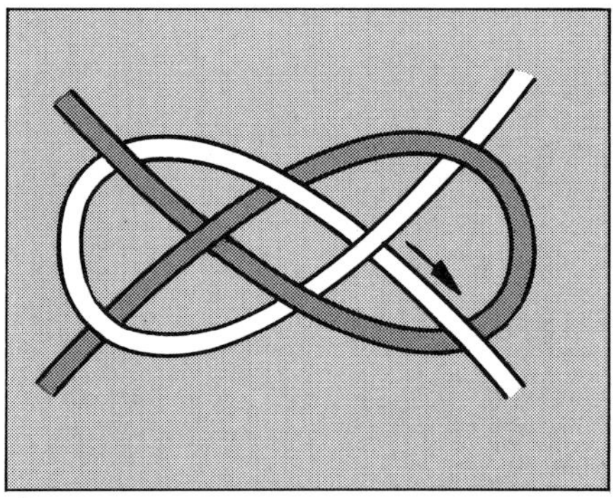

4 Nun führt man den rechten Faden unter seinen Anfang hindurch, aber über die Schlinge des linken Fadens. Zum Schluß werden beide Fäden gleichmäßig nachgezogen.

Josefinknoten mit 4 Schlingen

Für diesen Josefinknoten benötigt man nur 1 Faden. Er sieht dem eigentlichen Josefinknoten mit 2 Fäden sehr ähnlich, hat jedoch 4 statt 2 Schlingen.

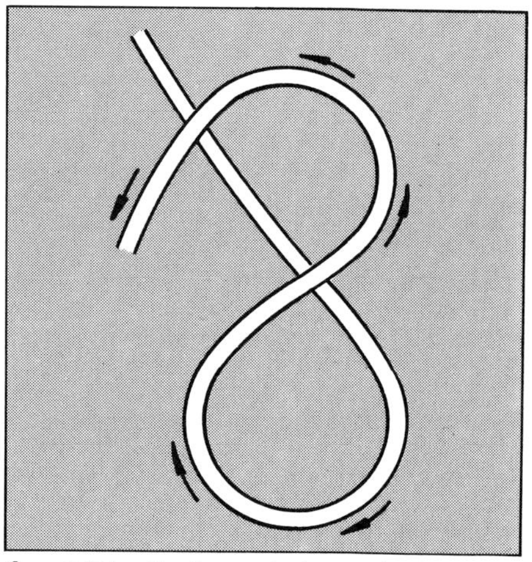

1 Mit 1 Faden wird von links nach rechts eine 8 gelegt, wobei der Faden zweimal über seinen Anfang geführt wird.

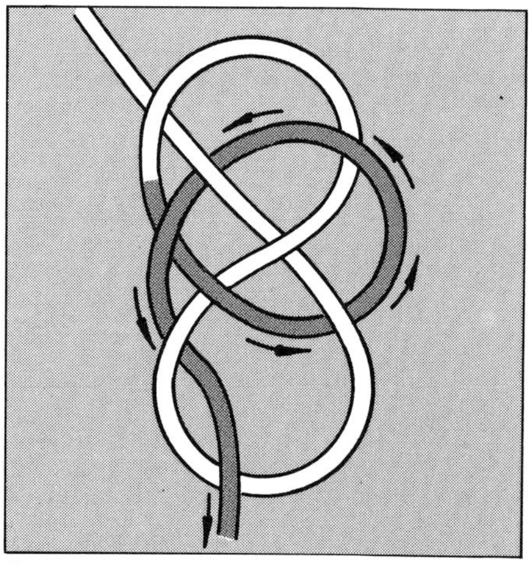

2 Nun führt man den Faden weiter einmal links über und einmal rechts unter die untere Schlinge der 8, dann über die obere Schlinge rechts, unter den Anfang des Fadens und wieder über die obere Schlinge links. Zum Schluß zieht man den Faden durch die untere Schlinge, so daß er nach vorn links heraushängt.

Türkischer Knoten

Dieser besonders für Kerzenhalter aus dickem Tau benutzte Knoten wird nur mit einem einzigen Faden geknüpft.

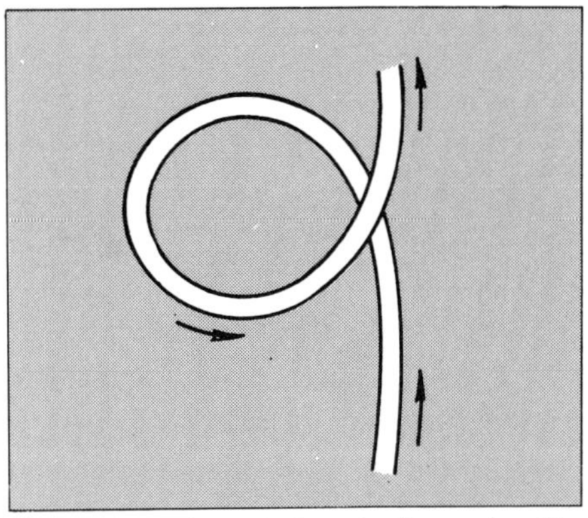

1 Man nimmt den Anfang des Fadens in die linke Hand und legt mit der rechten Hand eine Schlinge nach links hinüber.

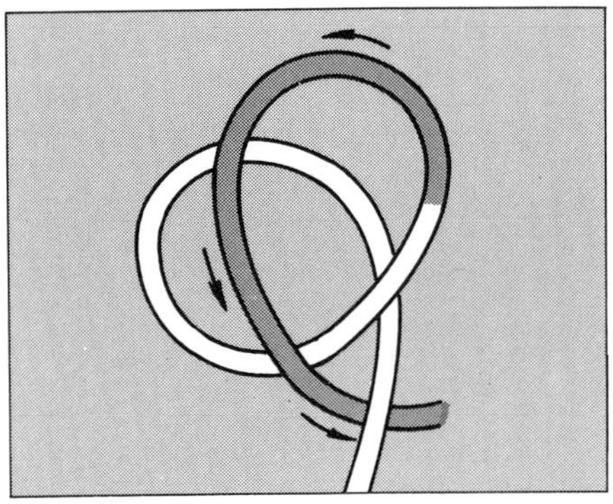

2 Nun legt man eine 2. Schlinge auf die 1. und führt den Faden unter dem Anfang hindurch.

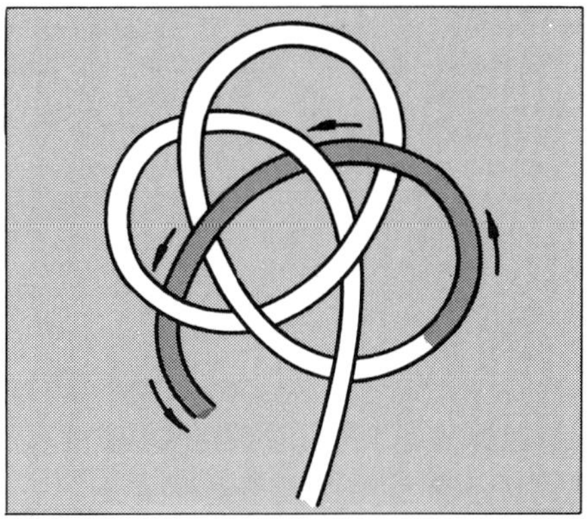

3 Der Faden wird über die 2. Schlinge rechts, unter die 1. Schlinge rechts und über die 2. Schlinge links geführt und zum Schluß unter der 1. Schlinge links herausgezogen.

4 Will man einen Kerzenhalter knüpfen, muß der Endfaden immer parallel vom Anfang wieder durchgezogen werden, und zwar genauso wie die 1. Lage verläuft – im Wechsel über und unter dem nächstliegenden Faden.

Türkischer Bund

Wohl kein Knoten wird so häufig für dekorative Tauwerkarbeiten benutzt wie dieser. Hier soll er in seiner einfachsten Form gezeigt werden.
Man benötigt einen zylindrischen Gegenstand – Rohr, Rundholz usw. –, der den Durchmesser des beabsichtigten Türkischen Bundes hat.
Materialbedarf: etwa 3facher Durchmesser + 3fache Garnstärke ergibt 1 Lage.

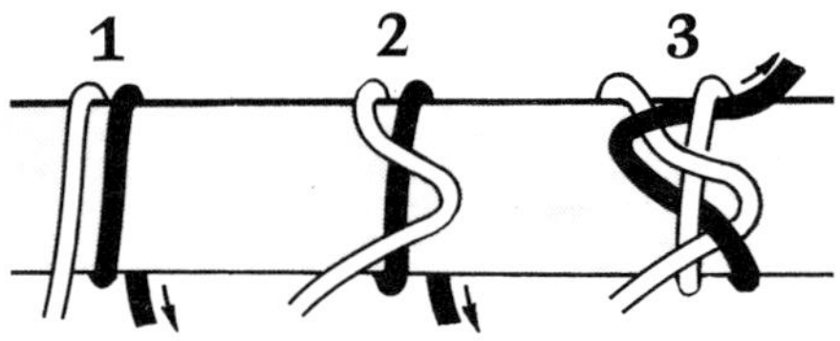

1 Der Faden wird zweimal locker um den zylindrischen Gegenstand gelegt.

2 Mit dem linken Anfangsfaden legt man 1 Schlinge auf den rechten Endfaden.

3 Der Endfaden wird von rechts nach links durchgezogen, über den links liegenden Faden geführt und unter dem rechts liegenden Faden wieder herausgezogen.

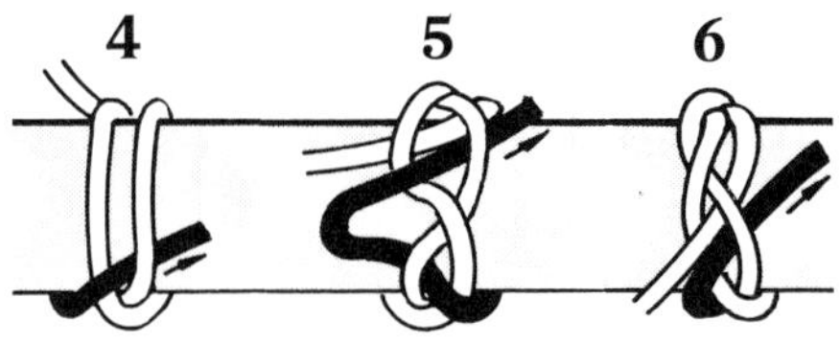

4 Man dreht hier die Knüpfarbeit um 180 Grad zum Körper hin.

5 Mit dem links liegenden Faden wird 1 Schlinge nach rechts über den rechts liegenden Faden gelegt und der Endfaden nach links und dann nach rechts durchgezogen.

6 Nun zieht man den Endfaden immer parallel rechts vom Anfangsfaden durch, und zwar genauso, wie die 1. Lage verläuft.

Würfelknoten

Dieser im Englischen mit „chinese crown knot" bezeichnete Knoten kann überall dort geknüpft werden, wo er auf Zug beansprucht wird. Man kann ihn mit beliebig vielen Fäden, also 2 Fadengruppen, und versetzt knüpfen.

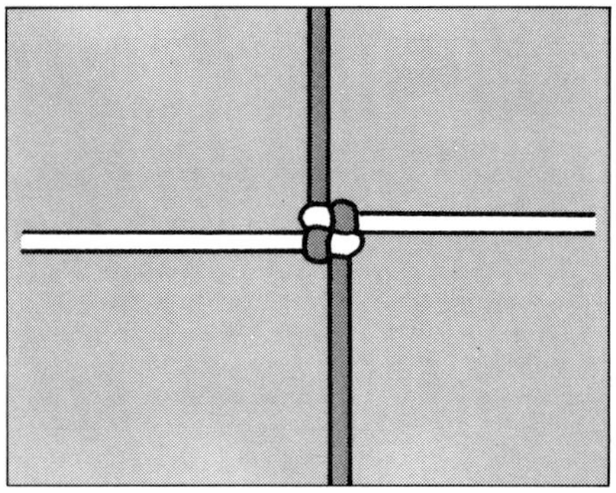

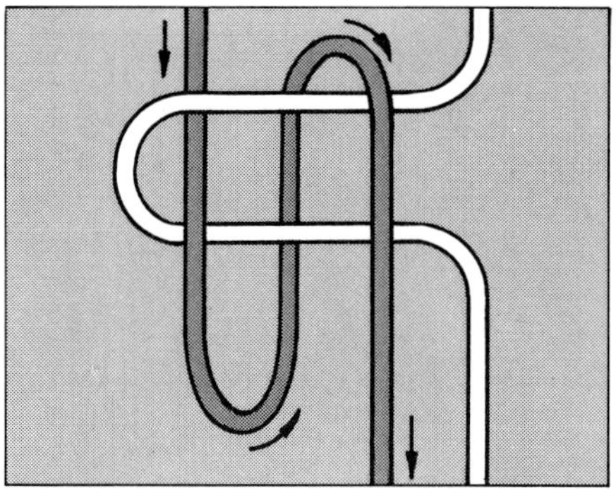

1 Man benötigt 2 Fäden. Mit dem rechten Faden wird eine Schlinge nach links gelegt. Den linken Faden führt man zuerst unter, dann über, zweimal unter und zweimal über diese Schlinge, so daß er nach unten hängt.

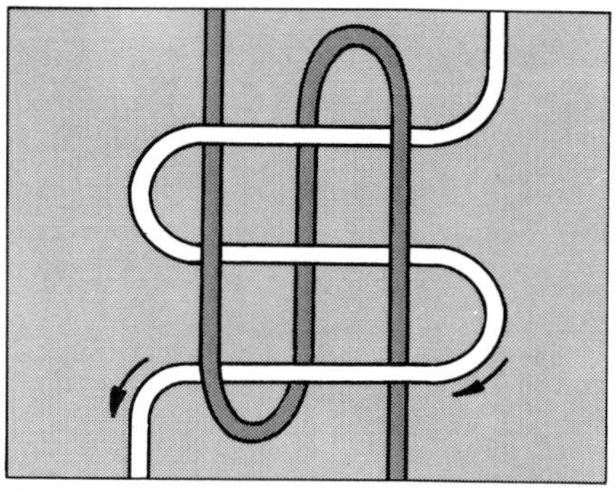

2 Das Ende der 1. Schlinge wird nun rechts über den herunterhängenden linken Faden geführt und durch dessen untere Schlinge nach unten hindurchgezogen. Abschließend zieht man alle Fäden fest an. Auf der Rückseite bilden 2 Fäden ein Kreuz.

Kronenknoten

Dieser interessante Knoten, bei den Seeleuten als „Kronenplatting" bekannt, läßt sich in vielen Variationen knüpfen. Hier soll nur seine einfachste Form gezeigt werden. Man kann den Kronenknoten mit beliebig vielen Fäden, also 4 Fadengruppen, arbeiten. Auch in der Mitte können noch Fäden mitlaufen, so daß der Knoten ringsherum geknüpft wird.

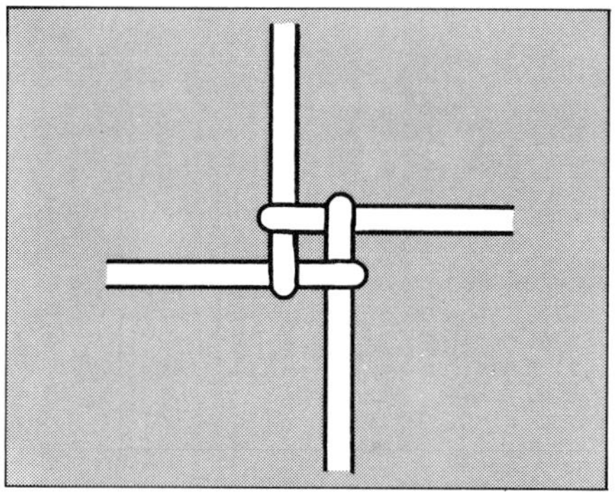

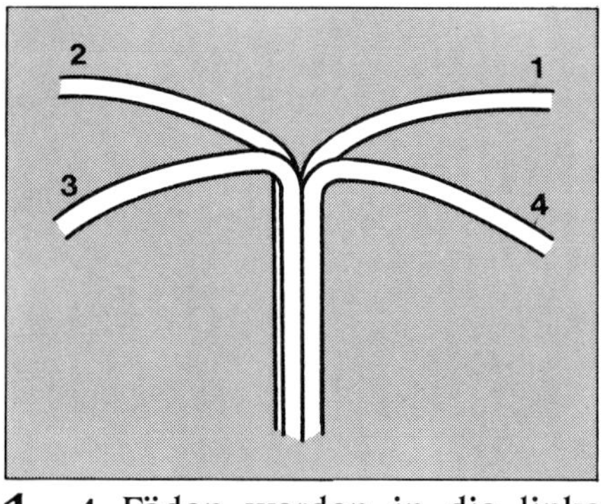

1 4 Fäden werden in die linke Hand genommen und sternförmig auseinander gelegt.

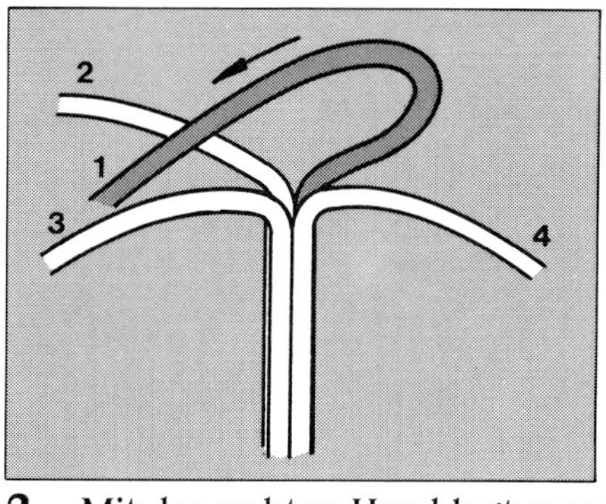

2 Mit der rechten Hand legt man nun den 1. Faden von rechts nach links über den 2. Faden.

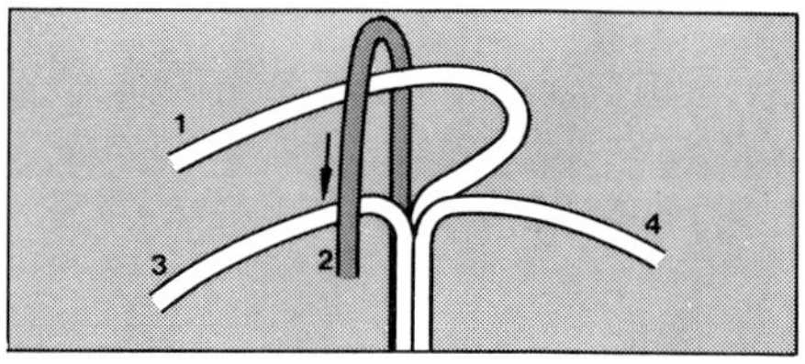

3 Der 2. Faden wird auch gegen den Uhrzeigersinn über den 3. Faden gelegt.

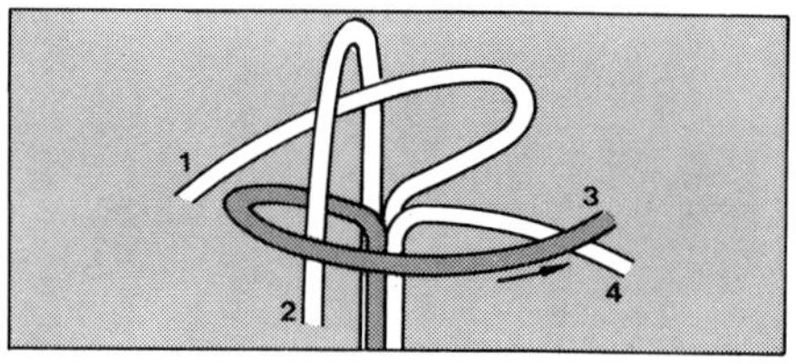

4 Den 3. Faden legt man nun über den 4. Faden und zieht den 4. Faden durch die Schlinge des 1. Fadens rechts hindurch. Zum Schluß werden alle Fäden fest angezogen.
Nun wird abwechselnd einmal rechts und einmal links herum geknüpft, wobei mit jedem der 4 Fäden begonnen werden kann. Wichtig ist, daß der Anfangsfaden immer rückläufig um 180 Grad gelegt wird.

Beerenknoten

Dieser sehr eindrucksvolle Knoten (engl. berry knot) liegt in der Tat wie eine Beere plastisch auf der Knüpfarbeit.
Er wird mit mindestens 10 Fäden geknüpft und besteht aus Rippen- und Weberknoten. Der Beerenknoten sollte nicht auf Zug beansprucht werden.

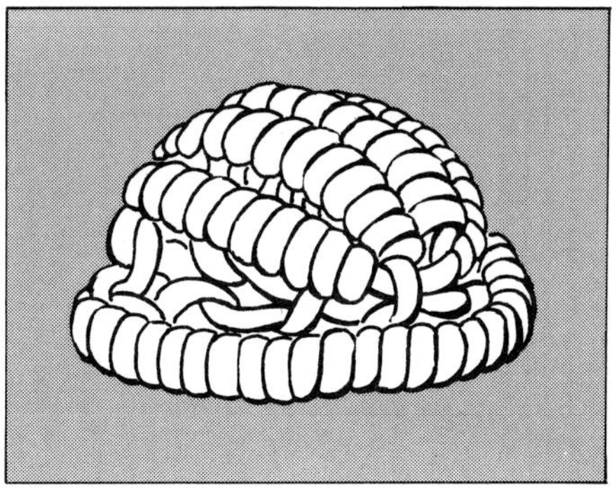

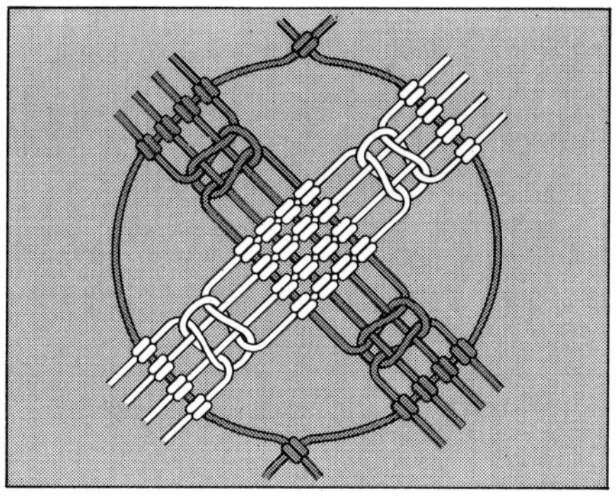

Mit den beiden mittleren Fäden knüpft man 1 Rippenknoten und benutzt diese als Leitfäden, um rechts und links mit je 4 Fäden 4 Rippenknoten zu knüpfen. Mit diesen 8 Fäden wird nun beidseitig dicht unter den Rippenknoten 1 Weberknoten geknüpft. Alle 4 Fäden des linken Weberknotens werden nun als Leitfäden und alle 4 Fäden des rechten als Arbeitsfäden behandelt.

Auf den 1. Leitfaden knüpft man 1 Rippenknoten-Reihe mit allen 4 Arbeitsfäden und führt dicht darunter noch 3 Reihen mit je 4 Rippenknoten aus. Nun wird mit den 4 rechten und linken Fäden je 1 Weberknoten horizontal und vertikal zu den Rippenknoten-Reihen geknüpft. Mit diesen 8 Fäden knüpft man anschließend wieder Rippenknoten auf die beiden 1. Leitfäden und verbindet diese.

Sollte sich der Beerenknoten noch nicht plastisch hervorheben, kann man von unten mit dem Finger etwas nachhelfen, indem man ihn nach oben drückt. Je fester er geknüpft wird, desto mehr hebt er sich ab.

Japanknoten

Dies ist ein sehr dekorativer Knoten, der, mit festem Garn und großflächig angelegt, auch zweifarbig sehr zur Wirkung kommt.

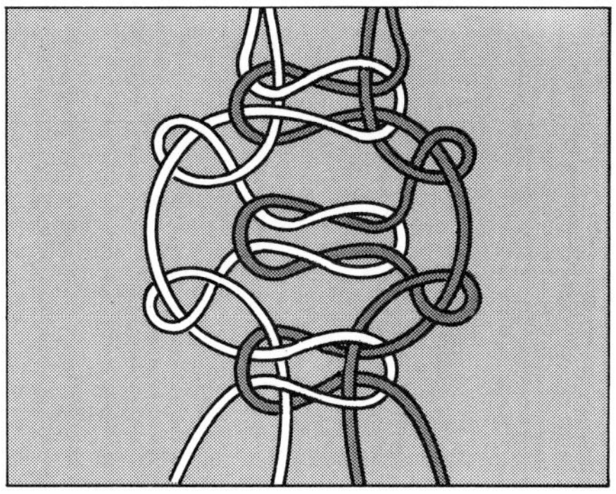

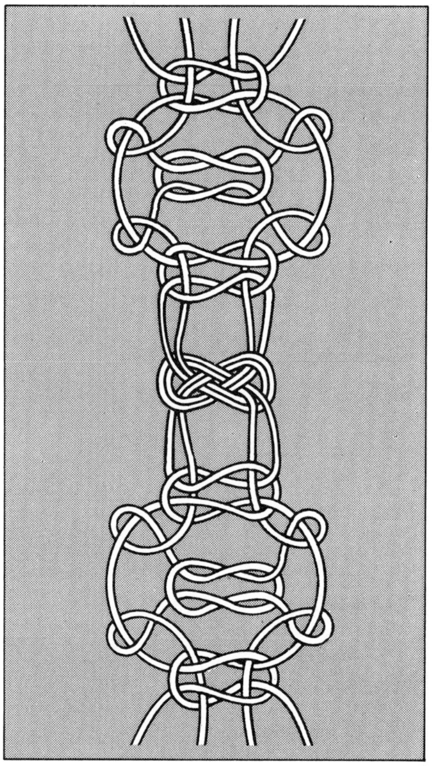

Mit 4 Fäden knüpft man zuerst 1 Weberknoten und schlingt den rechten Leitfaden um den rechten Arbeitsfaden. Dies wiederholt man spiegelbildlich auf der linken Seite.
Mit den beiden mittleren Fäden knüpft man nun 1 Kreuzknoten und schlingt diese beidseitig wieder um die Außenfäden. Zum Schluß wird mit allen 4 Fäden wieder 1 Weberknoten geknüpft.
Hierbei ist darauf zu achten, daß die Schlaufen des Kreuzknotens und der Weberknoten auf derselben Seite liegen.

Wird der Japanknoten zweifarbig geknüpft, sollten jeweils die beiden Leitfäden und die beiden Arbeitsfäden dieselbe Farbe haben.

Auf alten Paravents findet man noch dieses sehr wirkungsvolle Ornament (rechte Abbildung), wobei der Japanknoten abwechselnd mit dem Josefinknoten geknüpft wird.

Bouclèknoten

Bei diesem Knoten stehen 2 Schlingen plastisch hervor. Heute wird er – versetzt geknüpft – vor allem für Eulen angewandt, um die Federn nachzuahmen. Aber auch in der freien Gestaltung nimmt er einen immer größeren Raum ein.

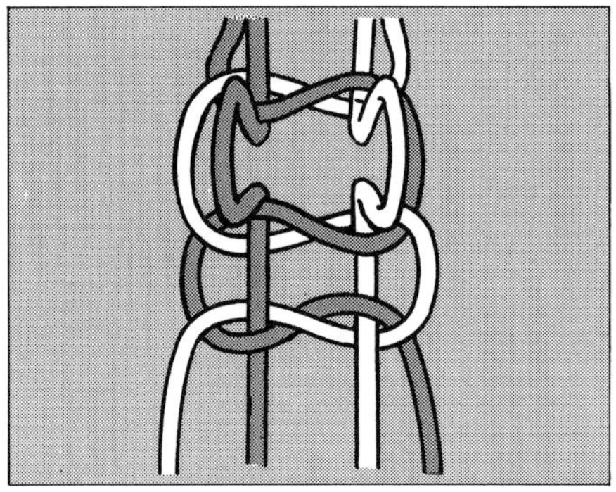

Man beginnt den Bouclèknoten mit einem halben Weberknoten, zieht beide Leitfäden zu Schlingen hoch und knüpft zur Befestigung der Schlingen noch 1 Weberknoten darunter.

Loop-Knoten

Auch bei diesem Knoten entstehen plastisch hervortretende Schlingen. Der Loop-Knoten ist nicht wie der Bouclèknoten aus Weberknoten, sondern aus Rippenknoten entstanden.

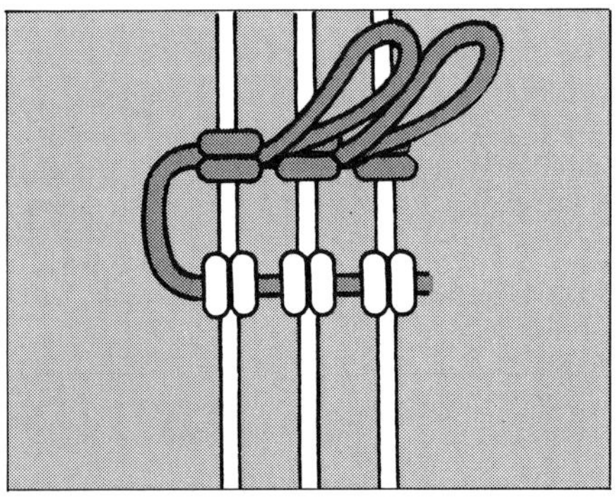

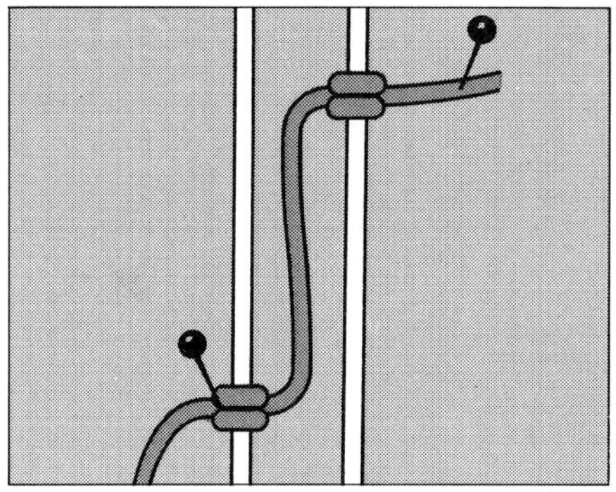

1 Man hängt 4 Fäden doppelt ein und steckt rechts davon das Ende eines längeren Fadens fest. Auf den äußeren rechten Faden wird mit dem Zusatzfaden 1 Rippenknoten in vertikaler Richtung nach links geknüpft. Auf den 2. Faden von rechts knüpft man einen 2. Rippenknoten, der doppelt so weit wie die Höhe der beabsichtigten Schlinge unterhalb des 1. Rippenknotens liegen muß.

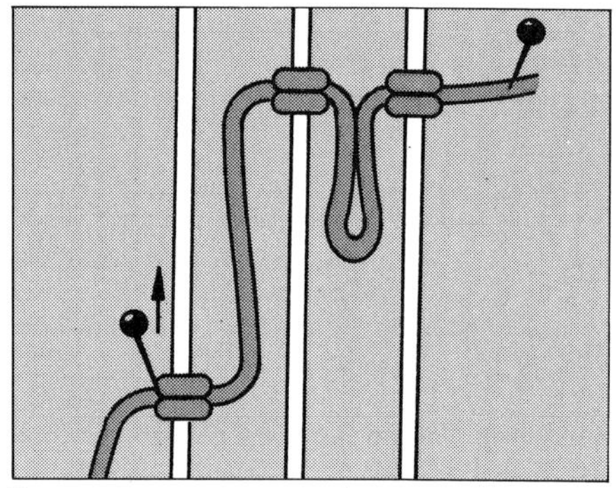

2 Nun wird der 2. Rippenknoten nach oben neben den 1. Rippenknoten geschoben, so daß 1 Schlinge entsteht. Danach knüpft man auf den 3. Faden von rechts wieder einen Rippenknoten, im gleichen Abstand wie den 2. Rippenknoten.

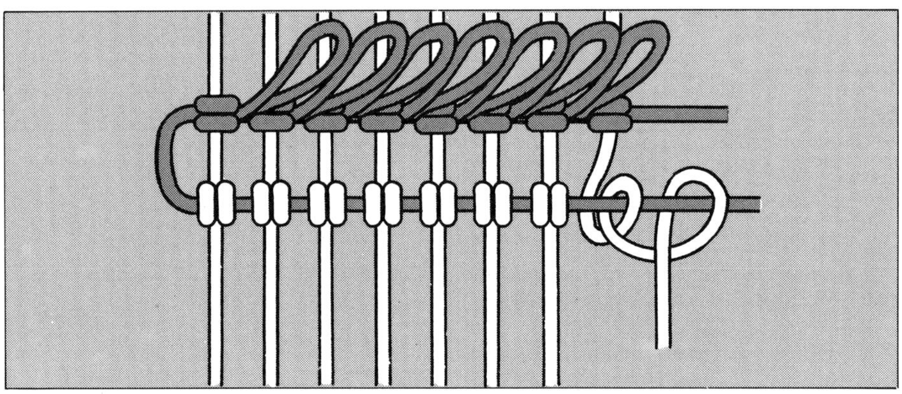

3 Das wiederholt man noch fünfmal und erhält 7 Schlingen. Zur Befestigung wird direkt darunter 1 Rippenknoten-Reihe in horizontaler Richtung geknüpft, wobei der Zusatzfaden der Leitfaden ist. Die 3. Reihe besteht wieder aus Schlingen, die in der 4. Reihe durch 1 Rippenknoten-Reihe befestigt werden. Auf dieser Zeichnung wurde der Abstand zwischen beiden Reihen aus Gründen der besseren Übersicht übertrieben groß dargestellt.

Dekorative Knüpfanfänge

Es gibt viele Möglichkeiten, eine Knüpfarbeit durch einen dekorativen Anfang zu verschönern.
Alle diese dekorativen Knüpfanfänge werden vor dem eigentlichen Muster, also über dem 1. Leitfaden, geknüpft.

Ein solcher Leitfaden kann beispielsweise die obere Kante eines Lampenschirms oder ein Bambusstock sein. Um die Jahrhundertwende begannen die meisten Täschchen und Pompadours mit solchen dekorativen Kanten.

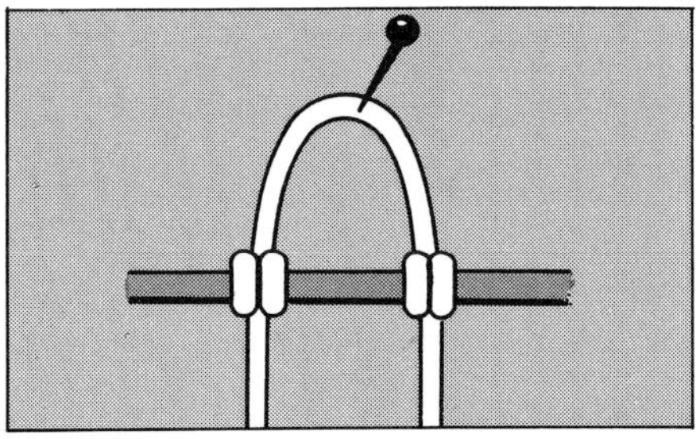

1 Man steckt 1 kleine Schlinge fest und befestigt die Fäden mit 1 Rippenknoten auf dem Leitfaden.

2 3 Picots werden übereinander festgesteckt und ihre 6 Fäden der Reihenfolge nach mit Rippenknoten auf dem Leitfaden befestigt.

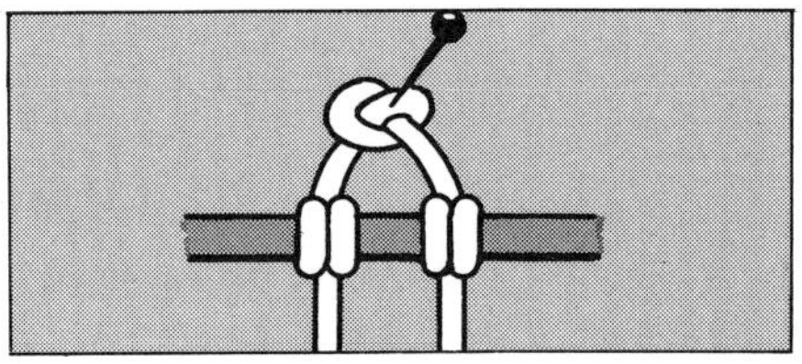

3 1 Überhandknoten wird festgesteckt, und beide Fäden werden mit Rippenknoten auf dem Leitfaden befestigt.

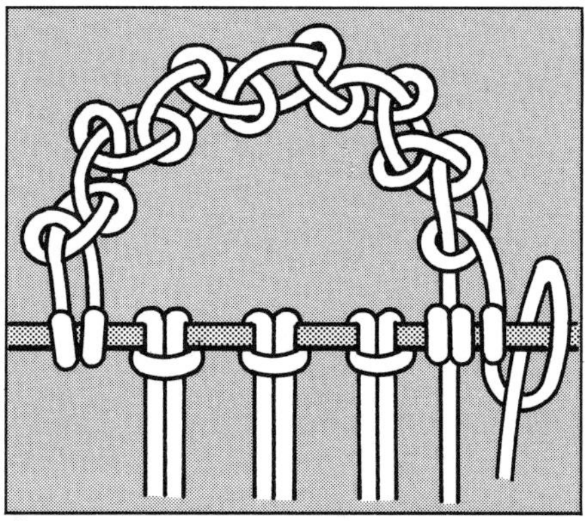

4 Man hängt 1 Faden doppelt ein, knüpft Schiffchenknoten und befestigt beide Enden mit Rippenknoten auf dem Leitfaden. Dazwischen kann man weitere Fäden einhängen.

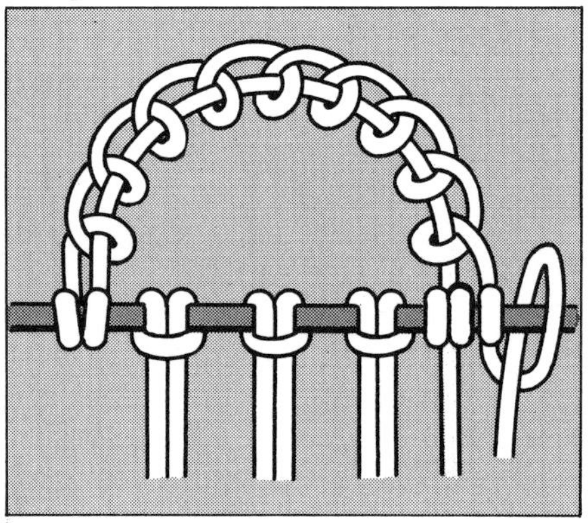

5 Man hängt 1 Faden doppelt ein, knüpft Schlingenknoten und befestigt beide Enden mit Rippenknoten auf dem Leitfaden.
Dazwischen können weitere Fäden eingehängt werden.

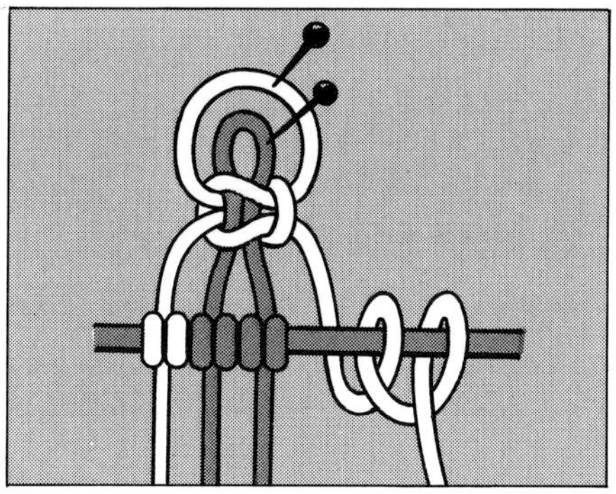

6 2 Picots werden übereinander festgesteckt, so daß man mit 4 Fäden 1 Weberknoten knüpfen kann. Alle 4 Fäden werden mit Rippenknoten auf dem Leitfaden befestigt.

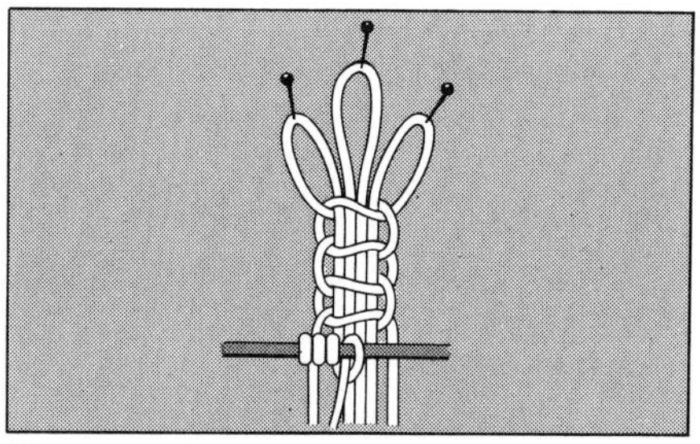

7 Man steckt 3 Picots fest und knüpft mit 4 Leitfäden und 2 Arbeitsfäden 2 Weberknoten untereinander. Alle 6 Fäden werden mit Rippenknoten auf dem Leitfaden befestigt.

8 Mit 2 Fäden werden Rippenknoten auf den Leitfaden geknüpft. Nun knüpft man mit beiden Fäden Frivolitéknoten und befestigt sie rechts wieder mit Rippenknoten auf dem Leitfaden.
Dazwischen können weitere Fäden eingehängt werden.

Dekorative Knüpfabschlüsse

Auch zur Beendung einer Knüpfarbeit gibt es viele Möglichkeiten, diese dem Muster entsprechend dekorativ zu gestalten.
Meistens ist es angebracht, die Fäden offen hängen zu lassen, doch bringt oft ein einfacher Überhandknoten schon eine gelungene Abrundung des Gesamtbildes.

Abbindknoten

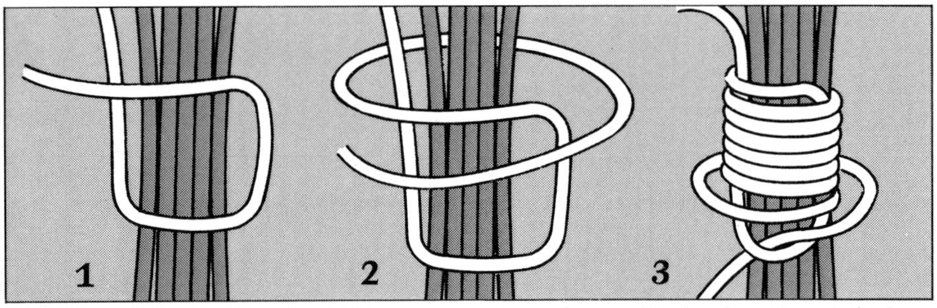

1 Man nimmt die Endfäden zu 1 Bündel zusammen und legt darauf mit 1 Zusatzfaden 1 Schlinge nach unten.

2 Nun wird dieser Zusatzfaden fest von oben nach unten um die Endfäden gewickelt.

3 Zum Schluß wird er durch die untere Schlinge gezogen.
Am oberen Ende des Zusatzfadens zieht man so lange, bis man die Schlinge mit dem Fadenende fest in die Umwicklung gezogen hat.
Beide Fadenenden oben und unten können nun bis zur Umwicklung abgeschnitten werden.
Der Abbindknoten kann mit 1 Zusatzfaden auch um einen einzigen Endfaden gearbeitet werden.

Überhandknoten

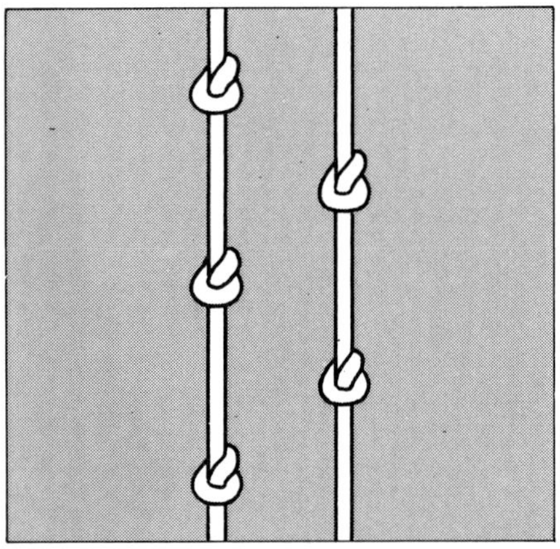

Mit allen herunterhängenden Endfäden werden in unregelmäßigen Abständen Überhandknoten geknüpft. Um die Jahrhundertwende war dies ein beliebter Abschluß an Taschen.

Kapuzinerknoten

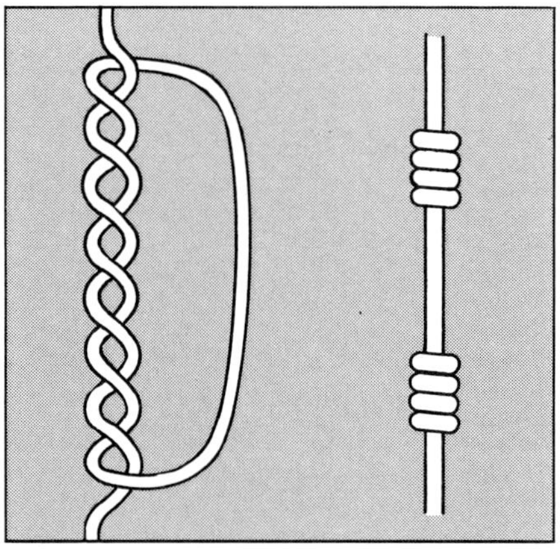

Man führt das Fadenende nicht nur einmal – wie beim Überhandknoten –, sondern mehrmals durch die Schlinge und zieht dann den Knoten vorsichtig von beiden Seiten zu.

Josefinknoten mit vier Schlingen

Obwohl dieser Knoten nur mit 1 Faden geknüpft wird, fällt er ziemlich breit aus und sollte daher nicht mit allen Endfäden geknüpft werden.

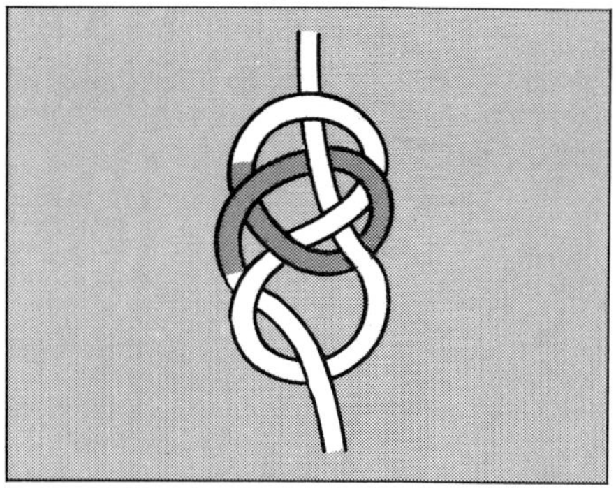

Quasten

In alten Makramee-Büchern nehmen Quasten einen wichtigen Platz ein. Heute werden Quasten kaum noch aufgeführt, weil sie sehr feine Knüpfarbeiten erfordern, um dekorativ zu wirken.

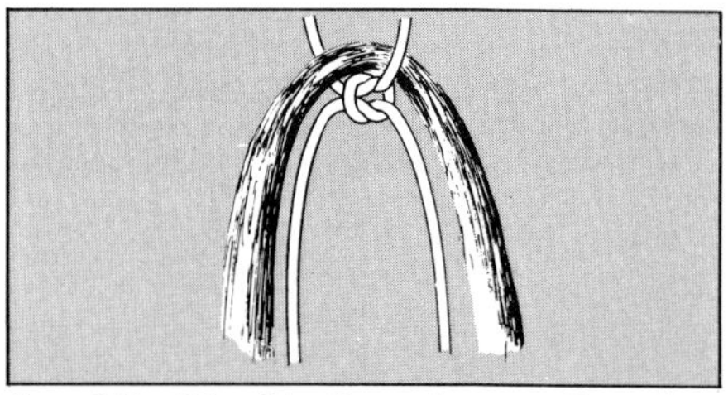

1 Die für die Quaste gewünschte Anzahl Fäden wird über dem letzten Weberknoten halb durchgezogen.

2 Nun hält man alle Fäden fest zusammen und umwickelt sie mit 1 Zusatzfaden, den man wie beim Abbindknoten befestigen oder mit einer Nähnadel durch die Umwicklung nach oben ziehen kann.

Makramee heute

In diesem Kapitel will ich versuchen, Makramee als vielseitiges Kunsthandwerk vorzustellen – vom groben Wandbehang aus Sisaltau bis zur feinsten Knüpfkante aus Leinenzwirn.
Jeder, der den technischen Teil nachvollziehen kann, müßte sich auch bei den Beschreibungen der einzelnen Objekte zurechtfinden. Für Anfänger enthält der Themenkreis einfache Dinge, die sehr dekorativ sein können und sich in relativ kurzer Zeit herstellen lassen. Wer jedoch über das Anfängerstadium hinausgewachsen ist, findet viele Anregungen für feinere Arbeiten.
Vielleicht sollten wir uns wieder auf das Einfache besinnen, auf den Ursprung, und in den uralten Mustern „lesen", um sie in unsere Zeit zu „übersetzen". Auch sollte man sich in unserer hektischen Zeit freimachen vom Zeitdruck und wirklich einmal eine Arbeit anfangen, die sich über Wochen hinzieht.
Ein Fortgeschrittener knüpft ein Muster nie ganz und gar nach, sondern bringt seine eigenen Ideen ein, verbessert oft sogar die Vorlage. Erst dann gewinnt man eigentlich eine gewisse Befriedigung, ja Begeisterung und hat – wie es heute genannt wird – sein „Erfolgserlebnis". Plötzlich werden kreative Seiten geweckt, die unbegrenzt zu sein scheinen.
Die einzelnen Objekte können funktionell sein oder gar keinen praktischen Zweck erfüllen. Und das ist gerade das Reizvollste bei Makramee, etwas zu gestalten, das dann durchaus als „Kunstwerk" gewertet werden kann. Wer Geschick hat und ein Gefühl für das richtige Garn, für Formen und Farben, findet unzählige Möglichkeiten, sich und seine Ideen zu verwirklichen.

Einfache Zöpfe

Weberknoten-Zopf

Material: Manila 6 mm ⌀
Fadenlänge: 1 x 2,00 m
1 x 7,10 m
1 x 0,18 m
Gesamtlänge: 1 m

Zuerst werden 2 m doppelt gelegt und festgesteckt. Etwa 8 cm darunter steckt man den doppelt gelegten Faden von 7,10 m Länge fest.
Mit den Arbeitsfäden werden so lange Weberknoten geknüpft, bis alle Fäden gleich lang sind. Man umwickelt den Zopf zweimal und näht die Enden dieses 18 cm langen Fadens fest.
Die Endfäden können ausgefranst oder ausgekämmt werden.

Spiralknoten-Zopf

Material: Sisaltau 6 mm ⌀
Fadenlänge: 1 x 2,00 m
1 x 7,10 m
1 x 0,18 m
Gesamtlänge: 1 m

Dieser Zopf beginnt wie der Weberknoten-Zopf. Es werden so lange Spiralknoten geknüpft, bis alle Fäden gleich lang sind.
Der Zopf wird zweimal umwickelt, und die Endfäden werden ausgefranst oder ausgekämmt.

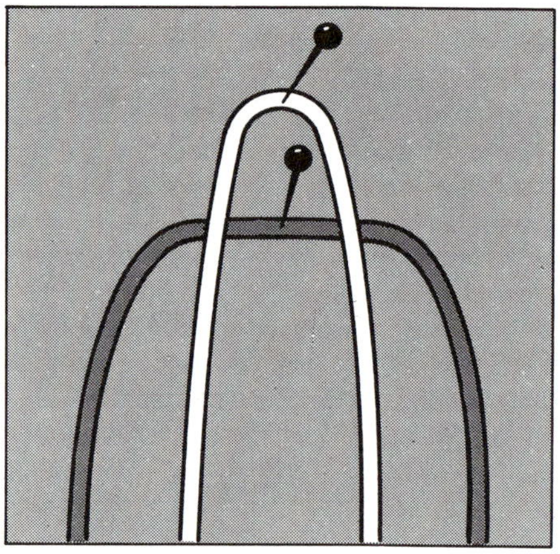

Einfache Wandbehänge und Ringe

Wandbehang aus versetzten Weberknoten

Material: Sisal geflochten, 6 mm ∅
Fadenlänge: 3 x 3,60 m
1 x 1,20 m
Gesamtlänge: 80 cm

Die 3,60 m langen Fäden werden doppelt gelegt und – wie auf der Zeichnung dargestellt – festgesteckt. Mit den mittleren 4 Fäden knüpft man 1 Weberknoten und zieht den Faden von 1,20 m Länge halb hindurch.
Nun werden mit 8 Fäden versetzte Weberknoten gearbeitet. Rechts und links außen knüpft man die Weberknoten nur mit 3 Fäden, wobei der kurze Faden beidseitig der Leitfaden bleibt. Diese beginnt man von der Mitte aus, so daß die Schlaufen außen liegen, und läßt seitlich große Schlingen stehen.
Zum Abschluß knüpft man mit den beiden äußeren Fäden 1 Weberknoten über alle mittleren 6 Fäden.

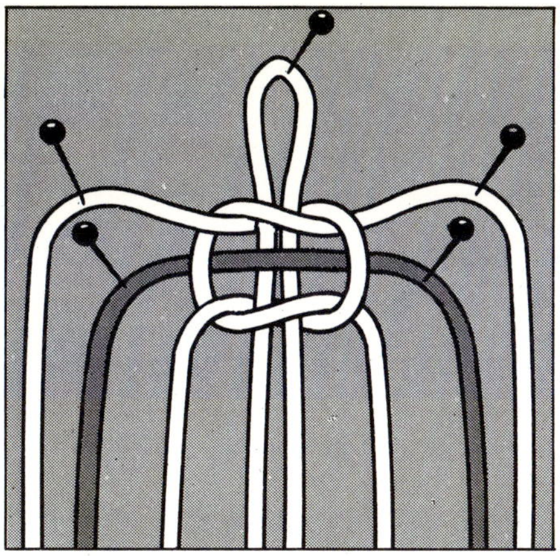

Zwei Ringe mit Blumengesteck

Material: Strohbindegarn 2,5 mm ∅
2 Ringe 26 cm ∅
Fadenlänge: 2 x 10,50 m
2 x 1,80 m
1 x 1,20 m
1 x 4,50 m
Gesamtlänge: 85 cm

Jeder Ring wird einzeln umknüpft: Auf den 1. Ring legt man doppelt 1,80 m als Leitfäden und darunter 10,50 m als Arbeitsfäden. Um Ring und Leitfäden werden etwa 16 cm Weberknoten geknüpft.
Seitlich läßt man 7 größer und dann kleiner werdende Picots stehen und wiederholt dieses Motiv nach etwa 32 cm Weberknoten auf der gegenüberliegenden Ringseite. Abschließend werden wieder 16 cm Weberknoten geknüpft.
Der 2. Ring wird wie der 1. gearbeitet. Hierauf steckt man beide Ringe ineinander, zieht den 1,20 m langen Leitfaden und den 4,50 m langen Arbeitsfaden auf ihrer Hälfte über Kreuz zwischen den Ringen durch und knüpft eine Aufhängung aus Weberknoten und Picots.
Die Enden können zu Schlingen gelegt und abgebunden werden.

Wandbehang aus runden Motiven

Material: Sisal geflochten, 6 mm ⌀
Fadenlänge: 1 x 2,00 m
5 x 3,60 m
1 x 0,10 m
Gesamtlänge: 80 cm

Der 2 m lange Faden wird doppelt gelegt und als doppelter Leitfaden festgesteckt. Etwa 5 cm darunter steckt man 1 doppelt gelegten 3,60 m langen Faden fest, knüpft 1 Weberknoten und legt beide Arbeitsfäden nach oben. Das gleiche wird mit den übrigen 4 Fäden von 3,60 m Länge wiederholt.
Mit den Arbeitsfäden des 5. Weberknotens steckt man 1 kleinen Kreis, knüpft 1 Weberknoten und läßt diese nun nach unten hängen. Das gleiche wird mit den nächsten 4 Arbeitsfäden – in der Reihenfolge von unten nach oben – wiederholt, wobei die Kreise zunehmend größer angelegt werden.
Damit das nächste Kreismotiv unten erscheint, werden die Arbeitsfäden nach jedem Weberknoten wieder nach oben gelegt.
Nach 4 oberen und 3 unteren Kreismotiven legt man alle Arbeitsfäden kreisförmig um beide Leitfäden und umwickelt alle Fäden mit dem kurzen Faden von 0,10 m Länge, dessen Enden hinten zusammengenäht werden.

Wandbehang aus Strohbindegarn

Material: Strohbindegarn 4 mm ⌀
Fadenlänge: 5 x 1,50 m
7 x 3,00 m
1 x 0,10 m
Gesamtlänge: 80 cm

Dieser Wandbehang aus Strohbindegarn beginnt wie der Wandbehang aus Sisal. Um 5 doppelt gelegte Fäden von 1,50 m Länge als Leitfäden knüpft man mit 7 Fäden von 3 m Länge runde Weberknoten-Motive.
Die Endfäden können ausgefranst werden.

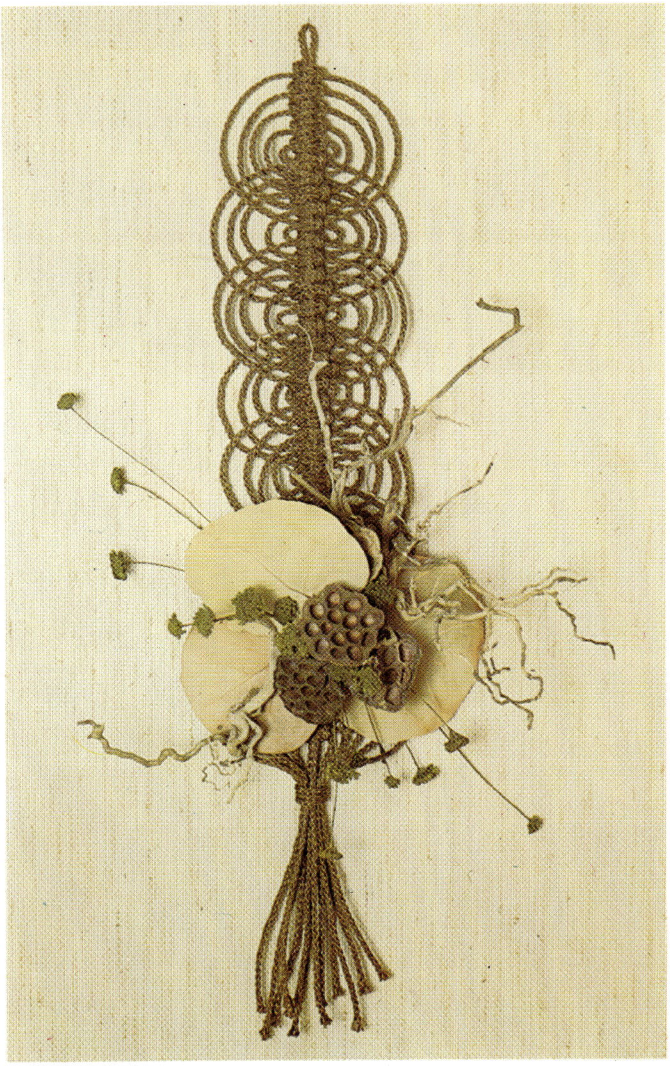

Zweifarbige Einkaufstasche

Material: Jute 6fach, 5 mm ∅, natur und rot
2 Hornringe 20 cm ∅
Fadenlänge: 16 x 2,40 m natur
12 x 2,40 m rot
1 x 0,85 m natur
Gesamtlänge (ohne Griffe): 54 cm

In jeden Hornring werden die Fäden wie folgt doppelt eingehängt: 4 natur, 6 rot, 4 natur. Man teilt alle Fäden in Vierer-Gruppen auf, zieht jeden 1. und 4. Arbeitsfaden 25 cm länger heraus und knüpft mit je 4 Fäden 7 Stränge aus 6 Weberknoten. Nun sind alle Fäden etwa gleich lang. Man hängt beide Hornringe – mit den Innenseiten gegeneinander – auf einen Haken und verbindet beide Taschenhälften, indem man rechts mit je 2 Fäden jeder Taschenhälfte 1 Weberknoten knüpft. Nach links wird diese 1. Weberknoten-Reihe fortgesetzt, wobei auch die linke Taschenseite durch 1 Weberknoten verbunden wird. Hierauf arbeitet man noch 9 Reihen versetzte Weberknoten.
Nun steckt man unter der letzten Reihe links 1 Faden von 0,85 m Länge fest und knüpft auf diesen Leitfaden von links nach rechts mit allen Fäden 1 Rippenknoten-Reihe und darunter eine zweite von rechts nach links. Zum Schluß werden alle Fäden bis auf 6 cm abgeschnitten und der Leitfaden links als Franse festgenäht.

Einfarbige Einkaufstasche

Material: Jute 6fach, 5 mm ∅, natur
2 Rattan-Taschengriffe
Fadenlänge: 24 x 2,60 m
1 x 0,40 m
Gesamtlänge (ohne Griffe): 38 cm

Diese Tasche wird fast genauso wie die zweifarbige Tasche gearbeitet. In jeden Griff werden 12 Fäden so doppelt eingehängt, daß wieder der 1. und 4. Arbeitsfaden jedes Weberknoten-Strangs 25 cm länger sind. Das versetzte Muster besteht hier aus 1½ Weberknoten.
Nach 9 Reihen wird die Tasche von innen nach außen gewendet, und alle Fäden werden mit Rippenknoten auf den 0,40 m langen Faden geknüpft, bis auf 2 cm abgeschnitten und festgenäht. Dann die Tasche wieder umwenden.

Runde Tasche

Material: Strohbindegarn 4 mm ∅
Fadenlänge: 1 x 1,90 m
72 x 4,50 m
4 x 0,60 m
1 x 4,00 m
4 x 1,00 m
2 x 4,00 m
Gesamtlänge (ohne Griff): 35 cm

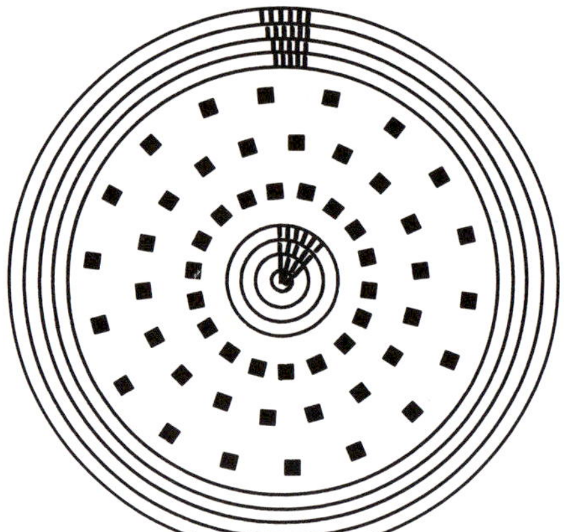

Der 1,90 m lange Faden wird zu einem doppelten Kreis von 30 cm Durchmesser gelegt und verknotet. Alle 72 Fäden hängt man doppelt ein und knüpft 6 Reihen versetzte Weberknoten.

Die Kante aus 18 Josefinknoten mit je 8 Fäden wird durch 1 obere und 1 untere Rippenknoten-Reihe mit je 1 Faden von 0,60 m Länge eingerahmt. Es folgen 3 Reihen versetzte doppelte Weberknoten und 3 Reihen versetzte Spiralknoten.

Die Kante aus 18 Windmühlenflügel-Motiven mit je 8 Fäden wird wieder durch 1 obere und 1 untere Rippenknoten-Reihe mit je 1 Faden von 0,60 m Länge eingerahmt.

Für den Taschenboden knüpft man (siehe Zeichnung) 4 Rippenknoten-Reihen auf 1 Faden von 4 m Länge und anschließend 3 Reihen versetzte doppelte Weberknoten mit je 8 Fäden. Zum Schluß werden alle Fäden „schneckenhausförmig" auf 1 kurzen Faden zur Mitte geknüpft und stufenförmig abgeschnitten und vernäht.

Für den Griff hängt man 4 Fäden von 1 m Länge sowie rechts und links davon je 1 Faden von 4 m Länge in den oberen Rand der Tasche doppelt ein und knüpft den Griff aus Weber- und Spiralknoten.

Drei Umhängetäschchen

Material: Baumwolle 1,5 mm ∅
Bindfaden fest gedreht, 0,7 mm ∅
Wurstgarn 1 mm ∅

Das linke Täschchen aus Baumwolle wird entsprechend der Zeichnung (siehe auch Beschreibung Seite 101) gearbeitet. Zusätzlich knüpft man Perlen ein, die auch den Abschluß bilden.

Bei den beiden rechten Täschchen sind nur die Vorderseiten beknüpft. Die Fäden werden so mit einer Nadel in den Stoff eingezogen, daß unter den kleinen Picots eine schmale Stoffkante frei bleibt.

In das versetzte Weberknoten-Muster arbeitet man in der Mitte 1 Raute mit 1 Josefinknoten. Abschließend werden die Fäden so durch den Stoff gezogen, daß wieder eine schmale Stoffkante frei bleibt, abgeknotet oder im versetzten Weberknoten-Muster weitergeführt.

Alle Täschchen haben einen Träger aus Schiffchenknoten.

Kleine Handtasche

Material: Cordgarn 1,5 mm ∅
1 Taschenverschluß, 16 cm breit
Fadenlänge: 48 x 2,00 m
3 x 0,20 m
2 x 0,40 m
1 x 1,20 m
Gesamtlänge: 24 cm

Auf 1 Faden von 0,20 m Länge werden 24 Fäden doppelt eingehängt und 7 Reihen versetzte Weberknoten geknüpft. Das gleiche wiederholt man für die Rückseite der Tasche.

Beide Taschenhälften werden nun durch 1 Rippenknoten-Reihe auf 1 Faden von 0,40 m Länge verbunden. Mit je 8 Fäden arbeitet man ein versetztes Rippenknoten-Muster, das durch 1 Rippenknoten-Reihe auf 1 Faden von 0,40 m Länge beendet wird. Hierauf folgen 7 Reihen versetzte Weberknoten und 3 Rippenknoten-Reihen auf 1 Faden von 1,20 m Länge. Zum Schluß wird die Tasche von innen nach außen gewendet, so daß alle Fäden auf 1 Faden von 0,20 m Länge geknüpft, kurz abgeschnitten und festgenäht werden können.

Man füttert die Tasche ab und näht sie am Verschluß fest.

Weiße Handtasche (Foto S. 72)

Material: Nylongarn 2 mm ∅
Fadenlänge: 1 x 0,30 m
36 x 5,50 m

36 Fäden werden auf 1 Faden von 0,30 m Länge doppelt eingehängt. Mit je 12 Fäden wird nun ein Rippenknoten-Muster aus kleinen vollen Rauten geknüpft, das links halb begonnen wird und rechts halb endet.

Wo die Muster zusammentreffen, werden sie durch 1 Rippenknoten verbunden. Nach 11 Mustern arbeitet man die Tasche spitz zu, indem die Endfäden seitlich in den Rippenknoten-Rand eingeknüpft werden. Die Fäden der letzten Motive werden mit 1 Abbindeknoten umwickelt und bleiben als dekorativer Schluß offen hängen.
Man näht die Tasche beidseitig zusammen und füttert sie ab.

Silbernes Täschchen

Material: Silbergarn (Polyester-Viskose), 1 mm ∅
1 Taschenverschluß, 12 cm breit
Fadenlänge: 48 x 1,20 m
2 x 0,15 m

Pro Taschenseite werden auf einem 0,15 m langen Faden 24 Fäden doppelt eingehängt. Nach 7 Reihen versetzten Weberknoten wird ein offenes Muster eingearbeitet, wobei spitz zulaufend bestimmte Weberknoten frei bleiben. In der 10. Reihe verbindet man beide Hälften.
Nach 34 Reihen versetzten Weberknoten werden mit je 4 Fäden jeder Taschenseite Weberknoten geknüpft und mit unsichtbarem Garn festgenäht.
Man schneidet die Endfäden bis auf 12 cm ab, näht das Futter ein und befestigt die Tasche am Verschluß.

Goldenes Täschchen

Material: Goldgarn (Polyester-Viskose), 1 mm ∅
1 Taschenverschluß
Leder in Goldton

Dieses hübsche Abendtäschchen ist aus goldfarbenem weichem Leder – einem vorderen und einem hinteren Teil sowie einem Mittelstreifen – gearbeitet.
Dazwischen sind 2 Knüpfkanten – aus locker untereinander geknüpften Rauten mit je 1 Weberknoten in der Mitte – eingelassen, ähnlich dem Muster „Gürtel mit Schnalle“ (Seite 102), wobei jedoch die Schenkel der Rauten jeweils aus 3 Rippenknoten-Reihen bestehen.
Mit diesem Täschchen können Sie ganz sicher Furore machen – auf einem großen Ball, im Theater oder auf einer Party. Man wird es bestimmt von allen Seiten bewundern.

Blumenampeln

Blumenampel mit eingeknüpfter Keramikschale

Material: Jute 6fach, 5 mm ∅
1 Keramikschale
mit 4 Löchern im Rand
Fadenlänge: 8 x 7,00 m
8 x 0,70 m
Gesamtlänge: 1,80 m

Die 7 m langen Fäden werden auf ihrer Hälfte festgesteckt. Mit 2 Arbeitsfäden und 6 Leitfäden knüpft man mittig 1 Strang aus 6 Weberknoten, legt ihn doppelt und umknüpft ihn mit 1 Weber- oder Abbindknoten.
Mit je 4 Fäden werden nun 4 Weberknoten-Stränge gearbeitet, wobei nach jedem Weberknoten die Leit- und Arbeitsfäden ausgetauscht werden, indem man die Arbeitsfäden nach vorn zur Mitte führt. Nach etwa 1,40 m Länge knüpft man auf je 2 Fäden von 0,70 m Länge 2 Rippenknoten-Reihen untereinander, zieht alle Fäden durch die Löcher der Keramikschale und befestigt sie darunter mit 1 Überhandknoten.
Von jedem Knoten werden 2 Fäden zur Mitte geführt, so daß unter der Schale auf beiden Seiten 1 Weberknoten geknüpft wird. In der Mitte folgt 1 Überhandknoten und daraus 1 Strang aus 3 Weberknoten im selben Muster wie oben.

Jute-Blumenampel mit Erbsknoten

Material: Jute 6fach, 5 mm ∅
1 Holzring 7 cm ∅
1 Ring 20 cm ∅
1 Ring 15 cm ∅
Fadenlänge: 3 x 5,00 m
3 x 8,50 m
18 x 3,50 m
Gesamtlänge: 1,15 m

Abwechselnd wird 1 Faden von 5 m und 1 Faden von 8,50 m Länge halb durch den Holzring gezogen. Mit je 2 langen Arbeits- und 2 kurzen Leitfäden knüpft man nun 3 Spiralknoten-Stränge, bis alle Fäden gleich lang sind.
In drei gleichen Abständen werden die Fäden so in den Ring von 20 cm Durchmesser eingeknüpft, daß vorn Schlaufen entstehen (siehe Zeichnung).
In die Zwischenräume werden je 6 Fäden von 3,50 m Länge doppelt eingehängt und nach beiden Seiten erweitert, so daß vorn 3 Schlaufen nebeneinander liegen.
Mit je 4 Fäden knüpft man – 5 cm unter dem Ring beginnend – Erbsknoten und versetzt diese zweimal.
Alle Fäden werden wie oben in den Ring von 15 cm Durchmesser eingeknüpft und mit 1 Abbindknoten umwickelt.
Kapuzinerknoten in unregelmäßigen Abständen bilden den Schluß.

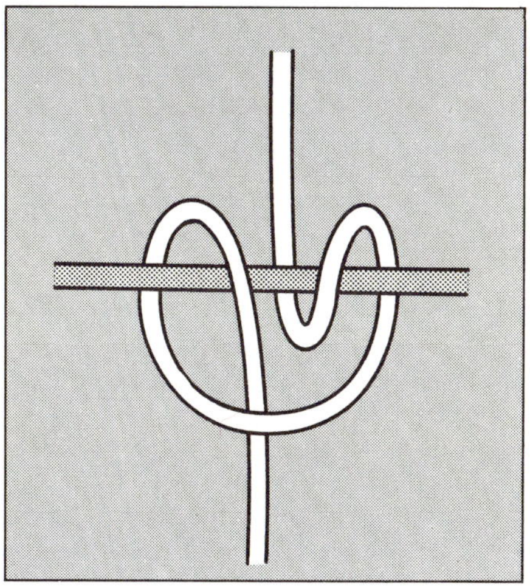

Sisal-Blumenampel mit Erbsknoten

Material: Sisal 3fach, 4,5 mm ∅
1 Ring 24 cm ∅
1 Ring 15 cm ∅
Fadenlänge: 3 x 5,20 m
3 x 9,00 m
36 x 4,00 m
Gesamtlänge: 1,15 m

Diese Blumenampel wird fast genauso wie die Blumenampel aus Jute geknüpft. Alle 3 Stränge beginnen jedoch wie beim einfachen Spiralknoten-Zopf.
Nach 5 Reihen versetzten Erbsknoten werden alle Fäden mit Rippenknoten in den 2. Ring (15 cm Durchmesser) eingeknüpft und mit 1 Abbindknoten umwickelt.
Die Enden können mit einem Frisierstab eingedreht werden.

Blumenampel mit eingeknüpfter Glaskugel

Material: Sisal 2fach, 2,5 mm ∅
1 Ring 6 cm ∅
16 Glasperlen
1 Glaskugel
Fadenlänge: 8 x 5,50 m
Gesamtlänge: 1 m

Man näht einen kleinen Ring aus Sisal von 2,5 cm Durchmesser und hängt alle 8 Fäden doppelt ein. Mit je 4 Fäden knüpft man 2 Weberknoten und versetzt diese drei- bis viermal, je nach Größe der Glaskugel, wobei die Abstände immer größer werden (siehe Zeichnung).
Mit je 4 Fäden werden nun Stränge aus Weber- und Spiralknoten gearbeitet, in die alle 10 cm 1 Perle eingezogen wird. Nach der 2. Perle tauscht man die Leit- und Arbeitsfäden aus. 10 cm nach der 3. Perle wird der Ring eingeknüpft, gefolgt von 4 Spiralknoten-Strängen, deren Leit-und Arbeitsfäden nach der 4. Perle wieder ausgetauscht werden.
Abschließend knüpft man mit allen Fäden 1 Spiralknoten-Strang, teilt diesen in 2 Weberknoten-Stränge als Aufhängung und umwickelt sie mit 1 Abbindknoten.

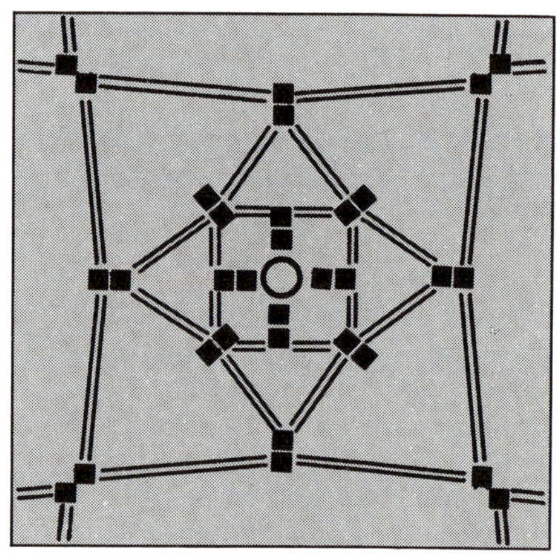

Blumenampel mit Keramikperlen und -schale

Material: Sisal 3fach, 4,5 mm Ø
20 Keramikperlen
1 Keramikschale 30 cm Ø, 11 cm hoch
1 Ring 10 cm Ø
1 Ring 12 cm Ø
Fadenlänge: 16 x 20,00 m
Gesamtlänge: 2,20 m

Alle Fäden werden auf ihrer Hälfte festgesteckt. Mit 2 Arbeitsfäden und 14 Leitfäden knüpft man mittig 1 Strang aus 16 Weberknoten, legt ihn doppelt und umwickelt ihn mit 1 Abbindknoten.
Nach 4 Reihen versetzten Weberknoten werden alle 32 Fäden mit Rippenknoten auf den Ring von 10 cm Durchmesser geknüpft. Nun folgen 8 Stränge abwechselnd aus Weberknoten (mit je 1 Perle) und Spiralknoten.
Man knüpft alle Fäden auf den Ring von 12 cm Durchmesser und anschließend 7 Reihen versetzte Weberknoten und 1 Abbindknoten.
Mit je 8 Fäden werden 4 Spiralknoten-Stränge geknüpft und nach 25 cm 1 Perle eingezogen, die mit Schiffchenknoten umrahmt wird. Nun teilt man jeden Strang in 2 Spiralknoten-Stränge und knüpft nach 25 cm wieder 1 Perle ein, die mit Schlingenknoten umrahmt wird. Hierauf folgt wieder ein Spiralknoten-Strang aus 8 Fäden, der nach 15 cm in 2 Weberknoten-Stränge von 13 cm Länge geteilt wird.
Nun arbeitet man mit allen 32 Fäden 2 Reihen versetzte doppelte Weberknoten (unter der Keramikschale) und 1 Spiralknoten-Strang von 11 cm Länge. 8 Reihen versetzte Weberknoten werden zu einem Ball geformt, der mit 1 Abbindknoten umwickelt wird.
An den Enden befestigt man die Perlen mit Kapuzinerknoten.

Eingeknüpfte Keramikschale mit Widderköpfen

Material: Jute 6fach, 5 mm ⌀, natur
Zusatzfäden in Jute 6fach:
natur, rot, braun, grün
1 Keramikschale
mit 4 Löchern
Fadenlänge: 4 x 7,00 m natur
Gesamtlänge: 1,30 m

In jedes Loch der Schale hängt man 1 Faden doppelt ein und knüpft 4 Schiffchenknoten-Stränge, die nach etwa 50 cm zu 1 Strang zusammengefaßt werden.
Nach 10 cm knüpft man auf 1 Zusatzfaden mit allen Fäden Rippenknoten, worauf ein buntes Muster in Cavandoli-Technik (9 x 12 cm) folgt, dessen Fäden man auf der Rückseite vernäht. Nach 1 Rippenknoten-Reihe wird wieder 1 Schiffchenknoten-Strang geknüpft, der auch die Aufhängung bildet. Die Endfäden können offen herunterhängen.

Blumenampel mit Kronenknoten

Material: Jute 6fach, 5 mm ⌀
1 Holzring 7 cm ⌀
2 Ringe 10 cm ⌀
8 Keramikperlen
Fadenlänge: 12 x 10,00 m
Gesamtlänge: 1,45 m

Alle Fäden werden halb durch den Holzring gezogen und mit 1 Abbindknoten umwickelt. Den folgenden Kronenknoten-Strang von etwa 13 cm Länge knüpft man aus 4 x 6 Fäden. Nach 8 Spiralknoten-Strängen mit je 3 Fäden werden alle Fäden mit Rippenknoten auf dem 1. Ring befestigt. Nun knüpft man abwechselnd mit je 3 Fäden 4 Weberknoten (mit je 1 Perle) und 4 Spiralknoten-Stränge, die in den 2. Ring eingeknüpft werden. Hierauf folgen 8 Weberknoten-Stränge und 1 Abbindknoten.
Mit je 6 Fäden knüpft man nun 4 Spiralknoten-Stränge, zieht nach 25 cm 1 Perle ein und befestigt diese durch 1 Weberknoten.
Alle Stränge werden geteilt, wobei die Fäden offen hängen bleiben. Mit 3 x 2 versetzten Weberknoten knüpft man die Blumenschale ein und arbeitet zum Schluß wieder einen Kronenknoten-Strang.

Blumenampel mit Glaskugel

Material: Baumwolle 3 mm ⌀
1 Ring 10 cm ⌀
40 Perlen
Fadenlänge: 10 x 8,00 m
Gesamtlänge: 1,30 m

Alle Fäden werden doppelt in den mit Weberknoten umknüpften Ring eingehängt. Zwischen 2 mittigen Rippenknoten-Reihen wird 1 vertikale Rippenknoten-Reihe geknüpft. Auf 4 x 2 Fäden zieht man 3 Perlen ein und knüpft dazwischen mit je 4 Fäden Spiralknoten-Stränge und anschließend wieder 1 mittige Rippenknoten-Reihe.
Es folgt ein Muster aus 5, 4, 3, 2, 1 Weberknoten, das mit 1 Rippenknoten-

Reihe endet. Mit je 3 Fäden knüpft man Spiralknoten-Stränge und in der Mitte mit 2 Fäden einen Schlingenknoten-Strang.
Zwischen 2 mittigen Rippenknoten-Reihen werden abwechselnd Perlen und Schiffchenknoten geknüpft. Außen arbeitet man mit je 3 Fäden Weberknoten-Stränge mit 1 Erbsknoten und in der Mitte mit 14 Fäden eine offene Raute.
Zwischen mittigen Rippenknoten-Reihen folgen abwechselnd wieder Perlen und Schiffchenknoten.
Mitte: Mit 12 Fäden knüpft man 2 Blatt-Muster untereinander, zieht durch die beiden mittleren Fäden 3 Perlen und knüpft diagonal von außen nach innen 3 Rippenknoten-Reihen untereinander, gefolgt von beidseitig 1 Spiralknoten- und 1 mittleren Weberknoten-Strang.
Außen: Mit je 4 Fäden werden 40 cm lange Feigenknoten-Stränge mit je 3 Perlen geknüpft. Man teilt alle Stränge und knüpft mit je 2 Fäden Schiffchenknoten-Stränge, die zu Weberknoten-Strängen zusammengefaßt werden.
Den Schluß bilden 2 Reihen versetzte Weberknoten unter der Glaskugel. In unregelmäßigen Abständen folgen Überhandknoten mit Perlen als Abschluß.

Eulen

Kleine Sisal-Eule

Material: Sisal 4fach, 6,5 mm ∅
Sisal 3fach, 4,5 mm ∅
2 dunkle Holzperlen
2 Äste
Fadenlänge: 10 x 1,50 m
4 x 2,00 m
1 x 3,00 m (Sisal 3fach)
Gesamtlänge: 45 cm

14 Fäden werden so nebeneinander festgesteckt, daß je 2 Fäden von 2 m Länge außen liegen. Man läßt 7 cm als Ohren stehen und knüpft alle Fäden mit Rippenknoten auf einen Ast. Es folgen je 2 Rippenknoten-Reihen diagonal von außen nach innen.
Mit den mittleren 4 Fäden knüpft man nun 1 Erbsknoten (aus 6 Weberknoten) und mit allen Fäden diagonal von innen nach außen 5 Rippenknoten-Reihen. Nach 1 mittigen Rippenknoten folgen beidseitig mit je 2 mittleren Fäden Schiffchenknoten. Hieraus wird beidseitig je 1 Faden und 1 äußerer Faden mit Rippenknoten auf den zweiten Ast geknüpft. Darunter folgen mit allen Fäden je 1½ Weberknoten.
Für die Augen näht man je 1 Ring aus Sisal von etwa 3,5 cm Durchmesser und hängt 10 Fäden aus Sisal 3fach von je 15 cm Länge doppelt ein und franst sie aus. Mit je 1 Perle werden die Augen aufgenäht. Für die Ohren kann man einige Fäden mit unsichtbarem Garn zusammennähen.

Große Sisal-Eule

Material: Sisal 4fach, 6,5 mm ∅
2 dunkle Keramikperlen
2 Äste
Fadenlänge: 10 x 6,00 m
2 x 7,00 m
8 x 0,75 m
1 x 11,00 m
Gesamtlänge (ohne Aufhängung):
90 cm

Auf einen Ast werden zwischen beidseitig 5 Fäden von 6 m Länge 2 Fäden von 7 m Länge so doppelt eingehängt, daß der 11. und 14. Knüpffaden je 1 m länger sind.
Nun knüpft man mit großen Zwischenräumen 5 Reihen versetzte Weberknoten, in der 5. Reihe mit den mittleren 4 Fäden 1 Erbsknoten und anschließend 4 fast waagrechte Rippenknoten-Reihen auf je 2 Fäden von 75 cm Länge.
Nach 3 versetzten Weberknoten-Reihen werden beidseitig 3 Fäden mit Rippenknoten auf den zweiten Ast geknüpft und mit 1 Überhandknoten befestigt. Die restlichen Fäden umwickelt man in der Mitte mit 1 Abbindknoten.
Für die Augen näht man je 1 Ring aus Sisal von 5 cm Durchmesser und hängt je 10 Fäden von 35 cm Länge doppelt ein. Mit je 1 Perle werden die Augen aufgenäht. Für die Aufhängung knüpft man einen Schiffchenknoten-Strang.
Alle Fadenenden können ausgefranst oder ausgekämmt werden.

Kleine Jute-Eule

Material: Jute 4fach, 3 mm ∅, natur
Jute 4fach, 3 mm ∅, braun
2 dunkle Perlen
2 Äste
Fadenlänge: 16 x 3,30 m
1 x 2,00 m
1 x 3,00 m (braun)
Gesamtlänge (ohne Aufhängung):
40 cm

16 Fäden werden auf einen Ast doppelt eingehängt. Man knüpft 7 Reihen versetzte Weberknoten, teilt die Fäden in 3 Gruppen von 10, 12 und 10 Fäden und knüpft 3 x 1 Weberknoten, wobei die Schlaufen außen liegen. Beidseitig wird mit den 4 äußeren Fäden 1 Strang aus 15 Weberknoten geknüpft und mit den übrigen 24 Fäden 10 Reihen versetzte Weberknoten, wobei in der 5. und 8. Reihe je 2 Fäden hinten durch den Strang gezogen werden und offen hängen bleiben. In der 11. Reihe knüpft man beidseitig noch 1 Weberknoten und faßt je 16 Fäden mit 1 Weberknoten zusammen, wobei die Schlaufen wieder nach außen zeigen.
Für die Krallen knüpft man beidseitig mit je 3 x 3 Fäden Stränge aus 6 Weberknoten. Die restlichen Fäden werden mit Rippenknoten auf den Ast geknüpft und durch 1 zusätzliche Rippenknoten-Reihe dahinter befestigt. Man schneidet sie kurz ab und näht sie fest.
Für die Augen näht man je einen Ring aus Sisal von etwa 3 cm Durchmesser, hängt je 12 dunkle Fäden von 12 cm Länge doppelt ein und franst sie aus. Mit je 1 Perle werden sie aufgenäht.
Für die Aufhängung wird ein Schiffchenknoten-Strang geknüpft.

Eule mit Boucléknoten

Material: Jute 6fach, 5 mm ∅
2 dunkle Holzperlen oder Tieraugen
2 Äste
Fadenlänge: 11 x 3,80 m
4 x 6,00 m
1 x 5,00 m
Gesamtlänge (ohne Aufhängung):
60 cm

15 Fäden werden wie folgt auf einen Ast doppelt eingehängt: 6 m; 3,80 m; 6 m; 9 x 3,80 m; 6 m; 3,80 m; 6 m.
Mit 2 langen Leit- und 2 kurzen Arbeitsfäden knüpft man beidseitig 16 cm lange Boucléknoten-Stränge und anschließend mit 2 langen Arbeitsfäden und 1 kurzen Leitfaden 16 cm lange Spiralknoten-Stränge.
In der Mitte werden mit 16 Fäden weitläufig 4 Reihen versetzte Weberknoten gearbeitet. In der 4. Reihe knüpft man mit den mittleren 4 Fäden 1 Erbsknoten (aus 6 Weberknoten).
Beidseitig wird nun mit 11 Fäden je 1 Weberknoten geknüpft, dessen Schlaufen nach außen zeigen. Aus diesen Fadenbündeln benutzt man die längsten Fäden wieder für die fol-

genden 28 cm langen Bouclé- und Spiralknoten-Stränge.
Unter dem Erbsknoten knüpft man versetzte Boucléknoten, und zwar in der 1. Reihe 2, dann 3, 4, 3, 4, 3 und je einen äußeren. In der 6. Reihe wird nach dem mittleren Boucléknoten beidseitig 1 Schiffchenknoten-Strang geknüpft. Hieraus wird je 1 Faden und je 1 äußerer Faden mit Rippenknoten auf dem zweiten Ast befestigt. Darunter folgen 1 oder 2 Weberknoten mit allen Fäden.
Als Ohren kann man zusätzliche Fäden doppelt einhängen, deren Schlaufen auf der Rückseite liegen.
Für die Augen näht man je 1 Ring aus Jute von 4,5 cm Durchmesser, hängt je 10 Fäden von 15 cm Länge doppelt ein und franst sie aus. Mit Perlen oder Glasaugen werden sie aufgenäht.

Kleine Eule mit rundem Kopf

Material: Jute 6fach, 5 mm ∅, rot
Jute 6fach, 5 mm ∅, natur
1 Ring 12 cm ∅
2 dunkle Holzperlen
1 Ast
Fadenlänge: 6 x 2,30 m
4 x 1,50 m
1 x 3,00 m natur
Gesamtlänge: 38 cm

Auf dem Ring wird oben 1 Faden von 2,30 m Länge doppelt eingehängt. Darunter steckt man 1 Faden von 2,30 m Länge doppelt fest und knüpft 1 Weberknoten. In der 2. Reihe steckt man rechts und links davon wieder je 1 Faden von 2,30 m Länge doppelt fest und knüpft versetzt weiter. Das gleiche wiederholt man in der 3. Reihe, so daß sich aus 12 Fäden 3 Weberknoten ergeben. Diese Reihen versetzt man so lange, bis der Ring mit Weberknoten ausgefüllt ist und alle Fäden mit Rippenknoten in den Ring eingeknüpft werden können.
Nun dreht man die Arbeit von unten nach oben auf die Rückseite, läßt die Fäden bis zur Mitte des Rings hängen und knüpft in der unteren Ringhälfte versetzte Weberknoten, dreht die Arbeit wieder auf die Vorderseite und knüpft alle 12 Fäden mit Rippenknoten in den Ring ein.
Zur Mitte hin werden 4 Fäden von 1,50 m Länge doppelt in den Ring eingehängt und diagonal von innen nach außen 5 Rippenknoten-Reihen geknüpft. Beidseitig werden 4 äußere Fäden auf einen Ast geknüpft und mit 1 Abbindknoten befestigt. Die restlichen Fäden können mit unsichtbarem Garn aneinandergenäht werden.
Für die Augen näht man je 1 Ring aus Jute von 3,5 cm Durchmesser, hängt je 12 Fäden von 12 cm Länge doppelt ein und franst sie aus. Mit 1 Perle werden sie aufgenäht.

Eule im Ring

Material: Jute 6fach, 5 mm ⌀, natur
Jute 6fach, 5 mm ⌀, rot
1 Ring 35 cm ⌀
2 dunkle Holzperlen
Fadenlänge: 12 x 2,80 m
1 x 3,00 m rot
Gesamtlänge: 46 cm

Je 2 Fäden werden beidseitig oben in den Ring doppelt eingehängt. Darunter knüpft man je 1 Weberknoten und steckt auf jeder Seite rechts und links davon je 1 Faden doppelt fest, so daß man in der 2. Reihe 2 Weberknoten erhält. Das gleiche wiederholt man in der 3. Reihe und knüpft beidseitig 3 Weberknoten.
In der 4. Reihe werden die mittleren 4 Fäden zu 1 Weberknoten verbunden, so daß man 5, in der 6. Reihe 6, in der 7. Reihe 5 und in der 8. noch 2 äußere Weberknoten knüpft.
Nun folgen diagonal von innen nach außen 9 Rippenknoten-Reihen, deren Fäden mit Rippenknoten auf dem Ring befestigt werden.
Für die Augen näht man je 1 Ring aus Jute von 3,5 cm Durchmesser und hängt je 10 Fäden von 15 cm Länge doppelt ein. Mit 1 Perle werden sie aufgenäht.

Drei Mini-Eulen

Material: Jute 2fach, 1,5 mm ⌀
Hanf 1 mm ⌀

Diese Mini-Eulen sind eine „Kreuzung" aus vielen Eulen.
Die linke kleine Eule wird wie die Eule aus Boucléknoten geknüpft. Hierbei zieht man aber nicht die beiden Leitfäden als Schlingen heraus, sondern läßt jeweils zwischen 1½ Weberknoten einen Arbeitsfaden rechts oder links als Schlinge stehen.
Die mittlere kleine Eule beginnt wie die große Eule im Ring. In der Mitte knüpft man dichte Boucléknoten und beidseitig Rippenbogen-Reihen diagonal von innen nach außen. Die seitlichen Flügel werden separat geknüpft und auf der Rückseite der Eule befestigt.
Bei der rechten kleinen Eule beginnt man wie bei der großen Eule mit rundem Kopf. Nach einem Schnabel aus Rippenknoten folgen versetzte Weberknoten. Seitlich werden die Konturen durch dunkle Weberknoten-Stränge markiert und kurze Fäden als Flügel doppelt eingehängt.
Man sollte diese Eulen nicht kopieren, sondern selbst versuchen, hierzu neue Varianten zu finden.

Lampenschirme

Rote Hängelampe

Material: Perlongarn 2 mm ⌀
1 Lampenschirmgestell mit 12 vertikalen Verbindungsstäben
12 Perlen
Fadenlänge: 48 x 2,40 m
Gesamtlänge (ohne Fransen): 28 cm

Das Lampenschirmgestell wird zunächst in der Farbe des Garns lackiert, damit die weiße Grundfarbe nicht störend wirkt.
In den oberen Rand hängt man zwischen je 2 Verbindungsstäben 4 Fäden doppelt ein.
Das Muster besteht aus versetzten Weberknoten-Reihen, wobei die Stäbe in jeder 2. Reihe (als 3. Leitfaden) einbezogen werden.
Zum Schluß knüpft man alle Fäden mit Rippenknoten auf den unteren Rand des Gestells und arbeitet unter jedem Fach 2 Rippenknoten-Reihen diagonal von außen nach innen.
Unter jedem Verbindungsstab wird 1 Perle eingeknüpft.

Weiße Tischlampe mit Perlen

Material: Nylongarn 2 mm ∅
1 Lampenschirmgestell mit 6 vertikalen Verbindungsstäben
Glasperlen
Stoff zum Abfüttern

Fadenlänge: 72 x 2,50 m
Gesamtlänge: 27 cm

Diese Tischlampe beginnt mit kleinen doppelten Picots über dem Gestell.
Alle Motive, wovon 3 gleich sind, werden von demselben Muster aus Weber- und Rippenknoten eingerahmt. Zum Schluß knüpft man alle Fäden mit Rippenknoten auf den unteren Rand des Gestells und franst sie aus.
Der Lampenschirm wird mit Stoff abgefüttert.

Grüne Tischlampe

Material: Sisal 2fach
1 Lampenschirmgestell
(Tulpenform)
Fadenlänge: 40 x 2,50 m
Gesamtlänge: 30 cm

Das Lampenschirmgestell wird zı erst in der Farbe des Garns lackier Man hängt alle Fäden doppelt ei und knüpft im oberen Bereich mit j 4 Fäden Weberknoten-Stränge. Hie auf folgt ein Muster aus versetzte Weberknoten, wobei die Verbiı dungsstäbe einbezogen werden.
Zum Schluß knüpft man alle Fäde mit Rippenknoten auf den untere Rand des Gestells und arbeitet 1 zı sätzliche Rippenknoten-Reihe aı 1 Zusatzfaden darunter.
Die Fäden werden bis zu 4 cm abg schnitten und ausgefranst.

Keramiklampe mit Überhandknoten

Material: Baumwolle 2 mm ∅
Keramiklampe mit
8 oberen und
24 unteren Löchern
Fadenlänge: 16 x 5,30 m
8 x 0,30 m
24 x 0,50 m
Gesamtlänge: 70 cm

In die oberen 8 Löcher werden je 2 F den von 5,30 m Länge doppelt eing hängt. Nach 2 Reihen versetzte Überhandknoten mit je 4 Fäde knüpft man mit allen Fäden Krone knoten um das Stromkabel und uı wickelt diesen Strang nach 24 cm m 1 Abbindknoten.
Durch die oberen 8 Löcher zieht ma 8 Fäden von 0,30 m Länge halb hi durch und knüpft mit je 2 Fäde 2 Reihen versetzte Überhandknote und knotet die Enden ab.
In die unteren 24 Löcher wird je 1 F den von 0,50 m Länge doppelt eing hängt. Mit je 2 Fäden knüpft ma 3 Reihen versetzte Überhandknote und knotet die Enden ab.

Keramiklampe mit Filetknoten

Material: Baumwolle 3 mm ∅
Keramiklampe mit
11 oberen Löchern
2 Ringe 15 cm ∅
1 Ring 25 cm ∅
Fadenlänge: 11 x 4,50 m
Gesamtlänge: 80 cm

In die oberen Löcher hängt man 11 Fäden doppelt ein und knüpft 9 Reihen versetzte Filetknoten.
Hierauf werden alle Fäden mit Rippenknoten auf den ersten Ring von 15 cm Durchmesser geknüpft. Es folgen 3 Reihen versetzte Filetknoten, 1 Ring von 25 cm Durchmesser, 3 Reihen versetzte Filetknoten und 1 Ring von 15 cm Durchmesser. Nach 3 weiteren Reihen Filetknoten werden diese ganz eng versetzt weitergeknüpft, so daß sie einen festen Strang bilden. Die Fadenenden können offen hängen bleiben oder an dem nachträglich eingeführten Stromkabel befestigt werden.

Hängelampe mit roten Perlen

Material: Sisal einfach, 1,5 mm ∅
60 rote Holzperlen
2 Ringe 15 cm ∅
2 Ringe 30 cm ∅
Fadenlänge: 60 x 4,00 m
Gesamtlänge (ohne Aufhängung):
42 cm

Diese hübsche kleine Hängelampe wird von unten begonnen, weil sich die Endfäden oben unauffälliger vernähen lassen.
Reihen aus versetzten Weberknoten und Rauten mit Weberknoten-Strängen lösen sich ab. Von der Mitte aus wird das Muster spiegelbildlich wiederholt.
Man umknüpft das Stromkabel mit Spiralknoten und befestigt die Aufhängung aus 4 Spiralknoten-Strängen am Kabel.

Carl Zuckmayer

Hängelampe aus Strohbindegarn

Material: Strohbindegarn 4 mm ⌀
1 Lampenschirmgestell mit 6 vertikalen Verbindungsstäben
Gesamtlänge: 35 cm

Für diesen rustikalen Lampenschirm wurden 6 verschiedene Motive gewählt, wovon jedes zweite runde Formen hat.
Jeder Stab wurde mit einem anderen Knoten umknüpft und der untere Rand zusätzlich mit 2 Rippenknoten-Bögen verziert.
Die Enden lassen sich gut ausfransen oder auskämmen und nach oben biegen.

Reusenlampe

Material: Sisal 3fach, 4,5 mm ∅
1 Ring 16 cm ∅
4 Ringe 30 cm ∅
2 Ringe 46 cm ∅
1 Ring 25 cm ∅
Fadenlänge: 32 x 21 m
Gesamtlänge
(ohne Aufhängung): 2,70 m

Diese in einem Wochenendhaus über zwei Etagen geknüpfte Reusenlampe besteht aus versetzten Überhandknoten, die mit Rippenknoten in die Ringe eingeknüpft werden.

Alle Fäden werden in den 1. Ring (16 cm ∅) doppelt eingehängt. Nach 30 cm versetzten Überhandknoten wird der 2. Ring (30 cm ∅) eingeknüpft.

Es folgen 50 cm versetzte Überhandknoten und der 3. Ring (30 cm ∅), hierauf 50 cm versetzte Überhandknoten und der 4. Ring (30 cm ∅), dann 35 cm versetzte Überhandknoten und der 5. Ring (46 cm ∅). Nach 50 cm versetzten Überhandknoten, die etwas weitläufiger geknüpft werden, arbeitet man den 6. Ring (46 cm ∅) ein. Nun folgen 30 cm versetzte Überhandknoten und der 7. Ring (30 cm ∅), dann 30 cm Überhandknoten und der 8. Ring (25 cm ∅) und darunter noch 2 Reihen Rippenknoten auf einem Zusatzfaden. Alle Fäden werden abgeschnitten und am inneren Rand festgenäht.

Für die Aufhängung kann man in den 1. Ring mehrere Fäden doppelt einhängen und in der gewünschten Länge mit einem Überhandknoten zusammenfassen.

Das Kabel mit 5 Glühbirnen kann mit Spiralknoten umknüpft werden.

Cavandoli-Technik

Umhängetasche

Material: Baumwolle 3 mm ∅
Stoff zum Abfüttern
Fadenlänge: 1 x 0,70 m blau
54 x 4,00 m blau
4 x 3,60 m blau
(Träger)
1 x ca. 60,00 m weiß
Länge der Tasche: 45 cm
Breite der Tasche: 30 cm
Länge des Trägers: 95 cm

Bei dieser rundgearbeiteten Tasche werden alle Fäden so auf 1 Faden von 0,70 m Länge eingeknüpft, daß 2 übereinander liegende Picots entstehen.
Nach 1 blauen Rippenknoten-Reihe (auf 1 weißen Leitfaden) folgt 1 weiße Rippenknoten-Reihe in vertikaler Richtung und hierauf 3 blaue Reihen. Die 1. Reihe des 13 Reihen umfassenden alten mexikanischen Musters besteht abwechselnd aus 9 weißen Rippenknoten in vertikaler und 3 blauen Rippenknoten in horizontaler Richtung.
Die Abschlußkante wird spiegelbildlich zur Anfangskante gearbeitet.
Nun folgt ein Gittermuster mit doppelten Rauten aus 12 Fäden. Hierbei ist darauf zu achten, daß die von rechts nach links verlaufenden parallelen Rippenknoten-Reihen ab-

wechselnd über und unter den von links nach rechts verlaufenden Reihen angeordnet werden.
Der Träger wird separat gearbeitet und angenäht. Auf 1 Zusatzfaden hängt man 4 Fäden von 3,60 m Länge doppelt ein und knüpft Rauten.

Rot-weiße Kette

Material: Baumwolle 2 mm ∅

Diese Kette beginnt unten. Nach 3 Cavandoli-Motiven werden die weißen Endfäden mit Weberknoten aus rotem Garn umknüpft. Schiffchenknoten-Stränge bilden den Abschluß.

Rot-blaue Kette

Material: Wurstgarn 1 mm ∅

An beiden Teilen dieser Kette aus je 8 Fäden werden beidseitig kleine Picots geknüpft. Alle 16 Fäden laufen zu einem Muster zusammen.

Gitarrenband

Material: Wurstgarn 1 mm ∅
Gesamtlänge: 1,20 m

Dieses Gitarrenband besteht aus 34 roten Herzen auf blauem Grund. Zuerst hängt man auf 1 Zusatzfaden 6 blaue Fäden in der berechneten Länge doppelt ein und steckt seitlich den sehr langen roten Faden fest.
Beidseitig wird nun der Außenfaden rot geknüpft, wobei kleine Picots einen dekorativen Seitenabschluß bilden.
Die Herzen knüpft man genau mittig nach der Zeichnung.
Es muß schon ein sympathischer Gitarrist sein, für den man dieses Band arbeitet, denn es erfordert viel Zeit und Geduld.

X											X
X											X
X											X
X			X	X			X	X			X
X		X	X	X	X	X	X	X	X		X
X		X	X	X	X	X	X	X	X		X
X			X	X	X	X	X	X			X
X				X	X	X	X				X
X					X	X					X
X											X
X											X
X											X
X											X

Schlüsselanhänger

Material: Wurstgarn 1 mm ∅
Schlüsselringe oder
Karabinerhaken
Fadenlänge: 6 x 1,20 m in der
Grundfarbe
1 langer Faden für die
Initialen
Gesamtlänge: 12 cm

Alle 6 Fäden werden in den Schlüsselring doppelt eingehängt. Den langen Faden in der zweiten Farbe steckt man seitlich fest und knüpft damit in den ersten 3 bis 4 Reihen nur auf dem 1. und 12. Faden Rippenknoten in vertikaler Richtung. Hierbei arbeitet man beidseitig kleine Picots oder Überhandknoten.
In der 4. oder 5. Reihe beginnt der erste Buchstabe, der maximal über 8 Fäden geknüpft werden kann, damit beidseitig noch 1 Faden in der Grundfarbe bleibt.

Taschenbesatz

Material: Jute 2fach, 1,5 mm ∅
Fadenlänge: 41 x 5,60 m
Gesamtlänge: 42 cm

Dieser Taschenbesatz wird auf eine Leinentasche aufgenäht.
Alle Fäden werden in den gewünschten Farbabstufungen so auf 1 Zusatzfaden eingeknüpft, daß oben kleine Picots entstehen. Dieser Zusatzfaden sollte so lang sein, daß 3 Rippenknoten-Reihen in horizontaler und 1 Reihe in vertikaler Richtung damit geknüpft werden können.
Mit dem nächsten Zusatzfaden knüpft man 1 Rippenknoten-Reihe in vertikaler und 5 Reihen in horizontaler Richtung.
Dieses Muster kann beliebig wiederholt und farblich variiert werden, so daß eine Gitterform entsteht, die in Fransen endet.
Dieser Besatz wird dann auf eine Leinentasche genäht.

Puppe

Material: Bindfaden in 2 Stärken

Diese lustige Puppe beginnt am Kopf, indem man auf 1 rund gelegten Faden 16 Fäden doppelt einhängt. Nach versetzten Weberknoten-Reihen und dem Spiralknoten-Hals werden die Spiralknoten-Arme geknüpft, die in Überhandknoten enden.
Der Rumpf wird wie der Kopf mit 16 doppelt eingehängten Fäden begonnen und endet in langen Weberknoten-Strängen mit Überhandknoten als Beine.
Der Rumpf wird unter der Schulterpartie befestigt, und die Haare aus dünnen Bindfäden werden bündelweise auf Zusatzfäden eingehängt.

Fische

Material: Sisal 2fach, 2,5 mm ∅
Strohbindegarn 4 mm ∅
Draht
Perlen

Hier kann man seiner Phantasie freien Lauf lassen und in den zu einem Fisch gebogenen Draht viele Knoten und Perlen einknüpfen, Fäden als Flossen hängen lassen usw. Der obere Fisch wird zuerst umknüpft und dann vom Auge aus fortgesetzt.
Beim linken Fisch hängt man die Fäden am Kopfende ein. Die Fäden der seitlichen Flossen enden auf der gegenüberliegenden Seite.
Der rechte Fisch beginnt beim Kopfende und besteht aus versetzten Weberknoten, zwischen denen man Schlingen stehen läßt.

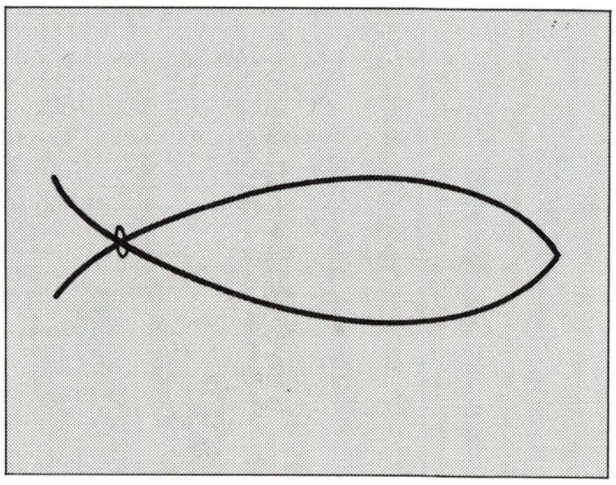

Elefanten

Material: Jute 6fach, 5 mm ∅ (großer Elefant)
1 dunkle Holzperle
Draht von 45 cm Länge
Fadenlänge: 9 x 1,10 m
1 x 2,00 m
5 x 0,60 m
Höhe: 16 cm
Breite: 30 cm

Auf den gebogenen Draht werden 9 Fäden von 1,10 m Länge doppelt eingehängt. Mit den ersten 16 Fäden von links knüpft man 4 Weberknoten.
Unter die Rüsselspitze wird 1 Faden von 2 m Länge doppelt gelegt und der Rüssel mit etwa 9 Weberknoten umknüpft. In der 2. Reihe knüpft man nun 5 versetzte Weberknoten, wobei beide Fäden des Rüssels und des 9. Fadens einbezogen werden. Es folgen Reihen aus 4, 5, 4, 5 Weberknoten.
Nach der 6. Reihe teilt man die Arbeit, knüpft beidseitig 2 Weberknoten und endet mit 1 mittigen Rippenknoten-Reihe.
Für das Ohr wird 1 Zusatzfaden eingezogen und auf der Rückseite zusammengenäht. Nach versetzten Weberknoten-Reihen mit 5 Fäden von 0,60 m Länge werden die 10 Fadenenden mit Rippenknoten befestigt.
Für den Schwanz umwickelt man einige Fäden mit 1 Abbindknoten.
Als Auge wird 1 Perle aufgenäht, die mit kurzen Fadenenden als Wimpern halb umrahmt wird.
Der kleine Elefant wird aus Jute 4fach mit etwas kürzerem Draht und kürzeren Fäden geknüpft.

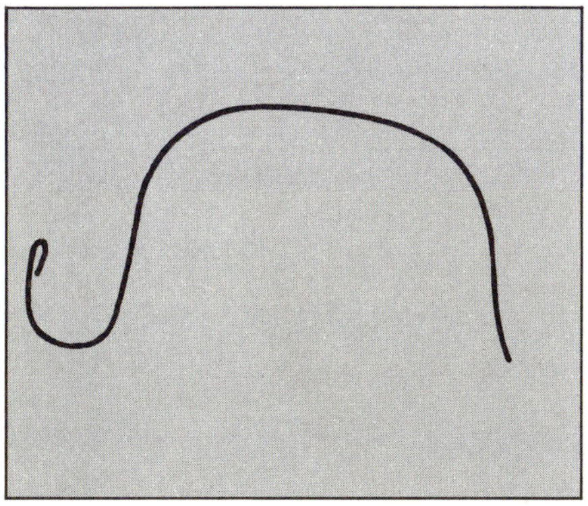

Schildkröten

Material: Jute 6fach, 5 mm ∅
Fadenlänge: 6 x 1,70 m

Man steckt 1 Faden doppelt fest, legt einen zweiten darunter und knüpft 1 Erbsknoten als Kopf, wobei alle 4 Fäden durch die mittlere Schlinge gezogen werden.
Beide Arbeitsfäden bilden nun die Leitfäden für den Beerenknoten.
Für die Vorderfüße knüpft man zunächst mit je 2 doppelt gelegten Fäden beidseitig 1½ Weberknoten und befestigt sie mit Rippenknoten auf den Leitfäden.
Als Panzer wird nun mit 10 Fäden 1 Beerenknoten aus 5 Rippenknoten-Reihen geknüpft. Unter dem Beerenknoten arbeitet man beidseitig wieder 1½ Weberknoten als Füße.
Für den Schwanz verbindet man beide Leitfäden, nachdem man sie fest angezogen hat, mit Schiffchenknoten.

Schnecken

Material: Jute 6fach, 5 mm ∅
1 Draht von 7 cm Länge
Fadenlänge: 1 x 2,50 m
1 x 0,60 m
Gesamtlänge: 12 cm

Der Faden von 2,50 m Länge wird doppelt gelegt und unter dem doppelt gelegten Leitfaden von 0,60 m Länge festgesteckt.
Für das Schneckenhaus werden nach 13 Weberknoten beidseitig 2 Fäden nach dem 4. Weberknoten durchgezogen. Hierauf folgen noch 3 bis 4 Weberknoten.
Die entstandene Öffnung kann man mit Garnresten ausfüllen.
Für die Fühler zieht man einen Draht durch und umwickelt ihn mit Garn.

Makramee an Kleidungsstücken

Kleid mit Fransenkante an den Ärmeln

Material: Baumwolle 1,5 mm ∅
Fadenlänge: 40 cm bis 70 cm (je nach Länge der Fransen)

Für jedes Teilmuster werden zuerst 3 kleine Picots festgesteckt. Mit allen 6 Fäden knüpft man nun 1 Weberknoten. Die beiden mittleren Fäden bilden die Leitfäden für die kleine Raute. Diese wird beidseitig mit den Leitfäden der angrenzenden Rauten verknüpft. Darunter folgen 2 Weberknoten als Abschluß.
Diese Kante, die man natürlich auch für den Saum arbeiten kann, wird mit unsichtbarem Garn auf die Ärmel genäht, wobei auch die kleinen Picots festgenäht werden sollten.

Schultertuch mit Fransenkante

Material: Baumwolle 1 mm ∅
Perlen
Fadenlänge: 50 bis 80 cm (je nach Länge der Fransen)

Auf 1 Faden, der die Länge der Knüpfkante hat, werden alle Fäden doppelt eingehängt.
Mit je 20 Fäden knüpft man Rauten aus 2 parallelen Rippenknoten-Reihen. In jeder Rautenmitte wird mit 12 Fäden 1 Weberknoten geknüpft, in dessen Leitfäden 1 Perle eingezogen wird.
Alle Rauten werden durch Rippenknoten miteinander verbunden. Darunter folgt 1 Perle und 1 Weberknoten.

Seidenschal mit Fransenkante

Material: Nylongarn 1 mm ∅
Fadenlänge: 40 x 1,30 m } für eine
40 x 0,30 m } Kante
Gesamtlänge: 30 cm
Breite: 30 cm

Diese hübsche Fransenkante besteht aus einem Muster aus 1½ versetzten Weberknoten. Sie wurde nach einer Vorlage aus dem vorigen Jahrhundert gearbeitet.
Für jedes Viereck benötigt man 16 Fäden, wovon jeweils 4 Fäden in einer Quaste enden. In jede Quaste werden noch 2 zusätzliche Fäden von 0,30 m Länge eingehängt, bevor sie mit 1 Abbindknoten umwickelt wird.

Russenkittel

Material: Wurstgarn 1 mm ∅
Fadenlänge:

4 x 1,80 m blau 2 x 0,60 m blau 2 x 1,50 m rot	für einen Schulterstreifen
4 x 1,50 m rot 4 x 3,50 m blau	für den Gürtel
4 x 0,40 m rot 4 x 1,00 m blau	für den Kragen

Die Schulterstreifen dieses Russenkittels bestehen aus sich wiederholenden Motiven. Sie sind ähnlich gearbeitet wie das dritte Muster auf Seite 53. Die Fäden werden mit kleinen Picots auf 1 Zusatzfaden in folgender Reihenfolge eingeknüpft: blau (0,60 m), blau (1,80 m), rot (1,50 m), 2 x blau (1,80 m), rot (1,50 m), blau (1,80 m), blau (0,60 m).
In den Rauten knüpft man mit 4 roten Fäden Weberknoten und beidseitig zwischen den Rauten mit 2 blauen Fäden Picots, so daß diese fortlaufend sind.
Der Kragen wird mit 1 Weberknoten-Strang aus 4 roten Leitfäden und 2 blauen Arbeitsfäden verziert. Auch der Gürtel ist in dieser Art geknüpft.

Schmuck – Accessoires

Umhängetäschchen

Material: Goldgarn 1,5 mm Ø
Fadenlänge: 8 x 1,40 m
Gesamtlänge: 19 cm (Abwicklung)

8 Fäden (siehe Zeichnung Seite 70) werden auf 1 Zusatzfaden doppelt eingehängt und 5 Reihen versetzte Weberknoten geknüpft. Nach 1 mittigen Rippenknoten-Reihe folgt 1 Rippenknoten-Muster und 2 mittige Rippenknoten-Reihen als Unterseite der Tasche.
Das gleiche wird für die Rückseite der Tasche wiederholt.
Anschließend werden weitere 5 Reihen – 2 Weberknoten in der 4. Reihe und 1 Weberknoten in der 5. Reihe – geknüpft.
Nach 1 Rippenknoten-Reihe diagonal von außen nach innen folgt 1 Reihe Rippenknoten in vertikaler Richtung (beidseitig außen begonnen) und 1 mittige Rippenknoten-Reihe als Abschluß.
Die Seiten der Tasche werden zusammengenäht.

Kette

Material: Goldgarn 1,5 mm Ø
1 Schnalle
Fadenlänge: 4 x 2,70 m
Gesamtlänge: 40 cm

4 Fäden werden in die kleine Schnalle doppelt eingehängt und Rauten mit 2 parallel laufenden Reihen geknüpft.
Zum Schluß folgen dicht untereinander Rippenknoten-Reihen diagonal von außen nach innen.

Uhrenarmband

Material: Goldgarn 1,5 mm ∅
1 Schnalle
1 Uhr mit 2 Federstegen
Fadenlänge: 4 x 1,40 m
Gesamtlänge: 22 cm

4 Fäden werden in die kleine Schnalle doppelt eingehängt und Rauten mit 2 parallel laufenden Reihen geknüpft. Wenn die Uhr sehr klein ist, kann man beidseitig mit je 2 Fäden Schiffchenknoten knüpfen und die mittleren 4 Fäden durch die Federstege ziehen. Abschließend folgen Rippenknoten-Reihen diagonal von außen nach innen.

Bindegürtel

Material: Baumwolle geflochten, 2 mm ∅
Fadenlänge: 12 x 4,50 m
Gürtellänge (bis Knoten): 86 cm

Alle Fäden werden nach 34 cm nebeneinander festgesteckt. Mit den mittleren 4 Fäden knüpft man in der 1. Reihe 1 Weberknoten und arbeitet versetzt weiter: in der 2. Reihe 2 und in der 3. Reihe 3 Weberknoten.
Es folgen 13 Reihen versetzte Weberknoten, 3 Spiralknoten-Stränge von 4 cm Länge, 13 Reihen versetzte Weberknoten und 3 Weberknoten-Stränge von 4 cm Länge.
Dieses Muster wird bis zur Spitze aus 3, 2 und 1 Weberknoten wiederholt.
Mit allen offenen Endfäden knüpft man beidseitig 1 Überhandknoten.

Gürtel mit Schnalle

Material: Baumwolle geflochten, 2 mm ∅
1 Schnalle mit Dorn und Steg von 5 cm Breite
Fadenlänge: 8 x 7,00 m
Gürtellänge: 88 cm

Alle Fäden werden auf den Steg doppelt eingehängt.
Mit den beiden mittleren Fäden knüpft man 1 Rippenknoten, dessen rechter und linker Faden bis zum Schluß die Leitfäden des Rautenmusters bleiben.
In den Rautenmitten werden mit 8 Fäden 2 halbe Weberknoten aus 2 Arbeits- und 6 Leitfäden geknüpft.

Abschließend knüpft man eine 2. Rippenknoten-Reihe unter der letzten Raute, schneidet alle Fäden kurz ab und näht sie mit unsichtbarem Garn fest.

Gürtel mit Schließe

Material: Baumwolle geflochten, 2 mm ∅
1 Schließe mit 2 Stegen von 5,5 cm Breite
Fadenlänge: 8 x 3,20 m
Gürtellänge: 75 cm

Auf einen Steg der Schließe werden alle Fäden doppelt eingehängt. Nun knüpft man versetzte Weberknoten – beginnend mit 4 in der 1., 3 in der 2. Reihe usw.
Zum Schluß werden alle Fäden mit Rippenknoten auf den 2. Steg geknüpft, kurz abgeschnitten und festgenäht.

Haarnetz

Sehr kunstvoll wirkt dieses Haarnetz aus Goldgarn mit eingeknüpften Perlen. Das Muster besteht aus versetzten Weberknoten.
Man kann das Haarnetz – wie auf diesem Bild – auf dem glatt zurückgekämmten Haar tragen oder – mit einem Gummiband versehen – über dem zu einem Knoten geschlungenen Haar.
Auf jeden Fall wird es Aufsehen erregen und der Dame, die es trägt, eine besondere Note verleihen.

Handschuhe

Material: Baumwolle 1 mm ∅

Diese eleganten Handschuhe haben nur eine geknüpfte Oberseite, die auf die Unterseite aus weichem Nappaleder aufgenäht wird.
Das Muster besteht aus versetzten Weberknoten. Man beginnt mit den 4 Fingerteilen und verbindet diese nach der erforderlichen Länge zu einer Fläche. Seitlich folgt 1 Daumenteil, das ebenfalls eingeknüpft wird. Ist die gewünschte Länge erreicht, werden alle Fäden mit Rippenknoten auf 1 Zusatzfaden geknüpft und festgenäht.

Halsband und Leine (ohne Foto)

Material: Baumwolle 2 mm ∅

Fadenlänge:
2 x 2,80 m }
1 x 11,00 m } Leine
1 x 1,60 m }
4 x 2,00 m Halsband

Länge: 1,25 m Leine (ohne Karabinerhaken)
0,27 m Halsband

Wenn man noch ein altes Hundegeschirr hat, kann man die Metallteile wieder gut verwenden.
Auf 1 Karabinerhaken werden 2 Fäden von 2,80 m Länge und 1 Faden von 11 m Länge doppelt eingehängt. Mit den beiden langen Arbeitsfäden knüpft man um 4 Leitfäden 1 Strang aus 30 cm Spiral-, 30 cm Weber- und 30 cm Spiralknoten. Nun wird 1 Faden von 1,60 m Länge eingeknüpft, so daß beidseitig 2 Weberknoten-Stränge von 15 cm Länge (mit 2 langen Arbeitsfäden und 2 Leitfäden) gearbeitet werden können. Den Abschluß dieser Schlaufe bildet 1 Überhandknoten und Fransen.
Für das Halsband hängt man 4 Fäden von 2 m Länge in die Schnalle doppelt ein und knüpft versetzte Reihen Weberknoten, wobei 1 Ring für den Karabinerhaken eingearbeitet wird. Zum Schluß folgt 1 Rippenknoten-Reihe diagonal von außen nach innen.

Küchengardine

Material: Nylongarn 3 mm ∅
Fadenlänge: alle Fäden 6,00 m für die Scheibengardine
alle Fäden 1,20 m für die Übergardine
Länge der Scheibengardine: 0,55 m
Breite der Scheibengardine: 1,10 m
Länge der Übergardine: 0,12 m
Breite der Übergardine: 1,10 m

Das obere durchgehende Muster dieser lustigen Scheibengardine sieht so aus, als ob lauter kleine Männchen mit Pumphosen und ineinandergelegten Händen nebeneinander stünden. Darunter folgen Rauten mit vielen Mustern, die alle gut aufeinander abgestimmt sind und sich von der Mitte aus spiegelbildlich wiederholen.

Aufhängung für ein kleines Tablett

Material: Sisal 2fach, 2,5 mm ∅
1 kleiner Ring
Fadenlänge: 8 x 4,00 m
Gesamtlänge: 66 cm

Für eine Seite der Aufhängung werden 4 Fäden von 4 m Länge doppelt in den Ring eingehängt.
Das Muster besteht aus 1 mittigen Rippenknoten-Reihe, 1 Rippenknoten-Kreuz mit 2 Schiffchenknoten in der Mitte und 1 mittigen Rippenknoten-Reihe als Abschluß.
Dieses Muster wird bis zu 45 cm Länge wiederholt. Die inneren 6 Fäden werden abgeschnitten, und mit den beiden äußeren knüpft man 1 Schiffchenknoten-Strang von 20 cm Länge und befestigt diesen am Ring.
Das gleiche wird für die andere Seite der Aufhängung gearbeitet.

Tischläufer

Material: Baumwolle 2 mm ∅
Fadenlänge: 60 x 3,50 m
10 x 0,25 m
Gesamtlänge: 70 cm

Alle 60 Fäden werden an einem Ende nebeneinander festgesteckt und nach etwa 5 cm auf 1 Faden von 0,25 m Länge geknüpft.
Nun folgt abwechselnd 1 Rippenknoten-Muster (von etwa 9 cm Länge) und 1 Weberknoten-Muster (von etwa 5 cm Länge).
Zwischen den einzelnen Mustern knüpft man Rippenknoten-Reihen auf 1 zusätzlichen Faden von 0,25 m Länge, der festgenäht wird.

Servierwagendecke

Material: Leinenzwirn 0,5 mm ⌀
Fadenlänge: 80 x 1,10 m (für 1 Seite)
Länge: 27 cm
Breite: 47 cm

Die Knüpfkante dieser „zarten" Servierwagendecke an einem alten handgewebten Tuch wurde nach einem Muster aus dem vorigen Jahrhundert gearbeitet.
Sie besteht aus Weber- und Schiffchenknoten und endet in Quasten.

Umknüpfte Boxbeutelflaschen

Material: Nylongarn 1 mm ⌀
Baumwolle 1,5 mm ⌀
Perlen

Alle Fäden werden in einen um den Flaschenhals verknoteten Faden doppelt eingehängt.
Bei der kleinen Flasche läuft nach dem Muster aus versetzten Weberknoten zusätzlich 1 Faden herum.
Bei der großen Flasche werden für das seitliche Muster noch weitere Fäden eingehängt.
Zum Schluß knüpft man alle Fäden auf 1 Leitfaden, der unter der Flasche zweimal herumgeführt wird, bevor man die Fäden kurz abschneidet.

Umknüpfte Keramikflaschen

Material: Bindfaden 1,3 mm ∅
Bindfaden fest gedreht, 2 mm ∅

Leere Keramikflaschen eignen sich besonders gut zum Umknüpfen mit einfachem Bindfaden.
Eine große Flasche ist mit einem Muster aus versetzten Filetknoten umknüpft.
Die beiden anderen Flaschen haben Muster aus Weber- und Rippenknoten-Rauten, deren Fäden zum Abschluß mit Weberknoten verbunden werden.
Unter den Flaschen enden alle Fäden in 2 kreisförmigen Rippenknoten-Reihen.

Eingeknüpfte Glaskugeln mit Schwimmkerzen

Material: Strohbindegarn 2,5 mm ∅
2 kleine Hornringe
Perlen
2 Glaskugeln (hier: leere Gurkengläser)
Schwimmkerzen
Fadenlänge: 8 x 2,50 m
4 x 9,00 m
Gesamtlänge: 1,50 m

4 Fäden von 2,50 m Länge und 4 Fäden von 9 m Länge werden in einen kleinen Ring doppelt eingehängt.
Nach 1 Kronenknoten-Strang folgen 4 Stränge mit Weberknoten und Picots. Alle Fäden werden in 2 Gruppen geteilt und nach 10 cm zu 2 Josefinknoten verknüpft. Nach 6 cm enden alle kurzen Fäden in Josefinknoten-Strängen, und alle langen Fäden werden zusammen mit 4 neuen Fäden von 2,50 m Länge in einen kleinen Ring unter der 1. Glaskugel eingeknüpft.
Das Muster wird in ähnlicher Form wiederholt. Mit allen 8 Endfäden arbeitet man 1 Kronenknoten-Strang.

Glockenzüge

Spiralförmige Glockenzüge

Material: Sisal 2fach, 2,5 mm ⌀
Sisal 3fach, 4,5 mm ⌀
1 Glöckchen
Fadenlänge: 7 x 2,50 m (ein- oder mehrfarbig)
1 x 1,00 m (Sisal 3fach oder 1 dickerer Faden)
Gesamtlänge (ohne Glöckchen): 70 cm

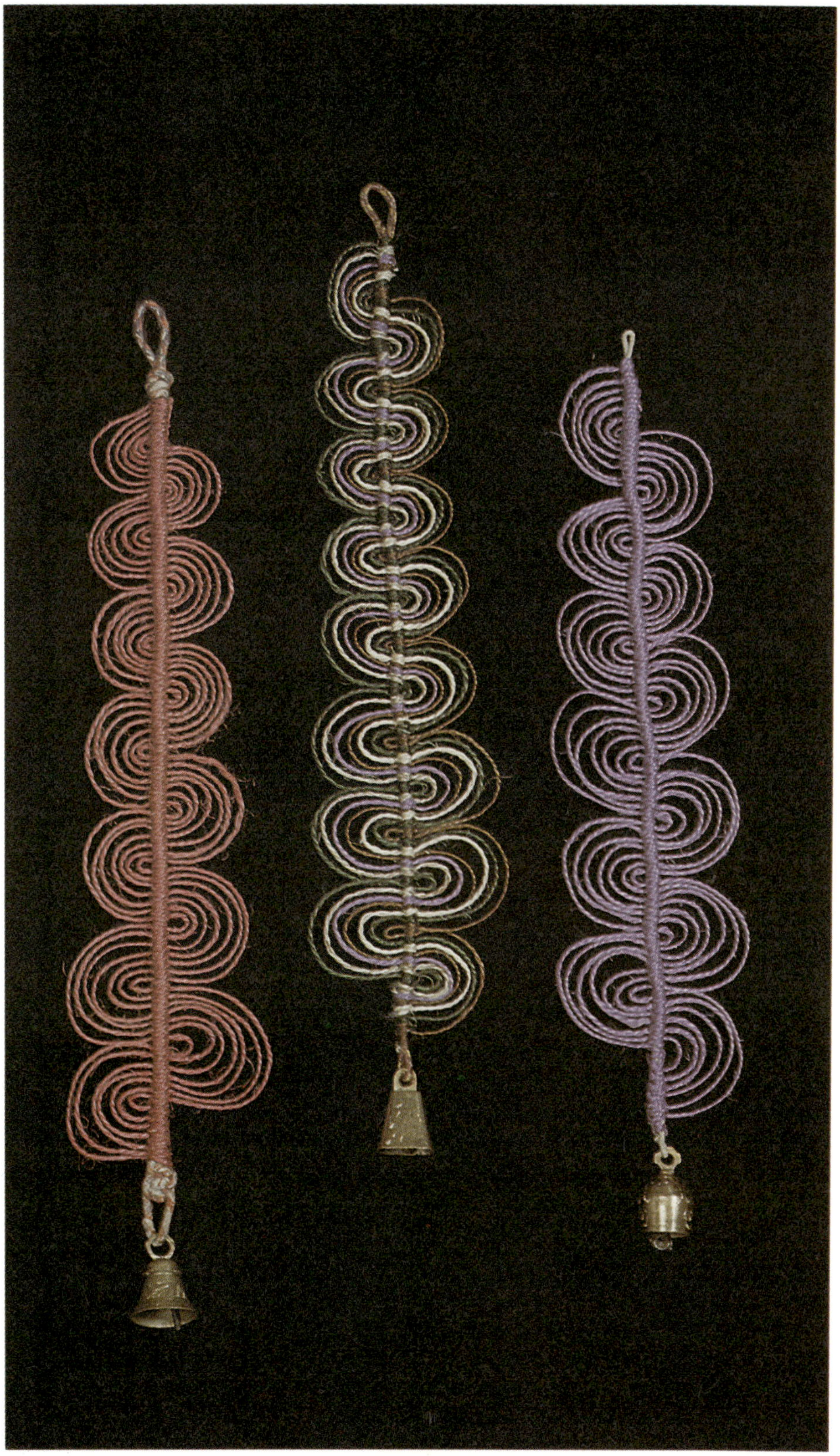

Mit 1 dickeren Faden von 1 m Länge wird am oberen Ende als Aufhängung 1 Schlinge gelegt und festgenäht.
Nun knüpft man alle 7 Arbeitsfäden von 2,50 m Länge mit Rippenknoten auf den dickeren Leitfaden, wobei man die Fadenanfänge etwa 6 cm am Leitfaden mitlaufen läßt und einknüpft.
Es folgt ein spiralförmiges Muster mit allen Fäden, dessen Picots oben klein beginnen und nach unten zunehmend größer enden können. Zum Schluß wird jeder Faden nach dem letzten Picot wieder eingeknüpft.
Bevor man den Leitfaden festnäht, hängt man das Glöckchen ein.

Keramikglocke mit Haube

Material: Sisal 3fach, 4,5 mm ⌀
1 Keramikglocke
mit Klöppel
Fadenlänge: 20 x 2,50 m
2 x 5,00 m
Gesamtlänge der Haube: 33 cm

Nach einer Aufhängung aus 11 Weberknoten mit allen Fäden knüpft man „schneckenhausförmig" die 1. Reihe aus 15 Rippenknoten und arbeitet bis zur 4. Rippenknoten-Reihe nacheinander alle 40 Fäden ein.
Nach der 5. Reihe folgt zwischen 2 parallel verlaufenden Reihen 1 Rippenknoten-Reihe in vertikaler Richtung.
Mit je 10 Fäden knüpft man nun mittige Rippenknoten-Reihen und vernäht beide Leitfäden. Diese mittigen Rippenknoten-Reihen werden spitz zulaufend fortgesetzt.
In der Haube werden 2 Fäden von 5 m Länge doppelt eingehängt und 1 Kronenknoten-Strang geknüpft, in den der Klöppel eingearbeitet wird. Die Enden befestigt man mit 1 Abbindknoten.

Kerzengehänge

Material: Jute 6fach, 5 mm ∅
1 Ast
1 Kerze aus Kerzenresten

Für dieses Gehänge kann man sich die Kerze mit zwei bis drei Dochten aus Kerzenresten selbst herstellen. Die Reste werden in einem Topf erhitzt und gleichmäßig verrührt. Dann gießt man die Flüssigkeit in ein Gefäß mit der gewünschten Form. Zuvor werden die ins Wachs hängenden Baumwolldochte an einem über der Form querliegenden Stab befestigt. Zu beachten ist, daß die Dochte mehr zur Kerzenmitte liegen müssen, damit später nicht das leicht brennbare Knüpfmaterial Feuer fängt.

An einen Ast knüpft man 3 Stränge aus einem versetzten Weberknoten-Muster und faßt diese unter der Kerze mit 1 Kronenknoten-Strang zusammen.

Die Aufhängung besteht aus 1 Schiffchenknoten-Strang.

Wandbehang aus versetzten Weberknoten

Material: Sisaltau 6 mm ∅
Manila 6 mm ∅
Fadenlänge: 3 x 3,00 m Sisaltau
1 x 1,40 m Manila
Gesamtlänge: 80 cm

Dieser weihnachtliche Wandbehang wird genauso gearbeitet wie der „Wandbehang aus versetzten Weberknoten" (siehe Seite 67). Das dunklere Manila bildet hier den kurzen Faden. Alle Endfäden können ausgefranst oder ausgekämmt werden.

Ring mit Glocke

Material: Sisal geflochten, 6 mm ∅
1 Ring 30 cm ∅
1 Glocke
Fadenlänge: 1 x 1,80 m
1 x 13,50 m
Gesamtlänge: 70 cm

Der Leitfaden von 1,80 m Länge wird doppelt festgesteckt. Etwa 5 cm darunter steckt man den 13,50 m langen Faden doppelt fest und knüpft einen etwa 33 cm langen Spiralknoten-Strang als Aufhängung.

Beidseitig wird 1 Leitfaden um den Ring gelegt, so daß sich beide Fäden unten in der Ringmitte treffen. Mit beiden Arbeitsfäden knüpft man um Ring und Leitfaden 11 Weberknoten, dann 10 cm Spiralknoten und bis zur gegenüberliegenden Seite des Rings wieder Weberknoten. Nach 10 cm Spiralknoten folgen wieder 11 Weberknoten.

Die Arbeitsfäden zieht man seitlich durch den 1. Weberknoten und knüpft Schlingenknoten. Bevor beide Enden zusammengenäht werden, wird die Glocke eingehängt.

Weihnachtssterne

Material: Goldgarn 1,5 mm ∅

Aus Goldgarn näht man 1 kleinen Ring und hängt 8 Fäden von 35 cm Länge doppelt ein. Nun kann man Weber- und Josefinknoten knüpfen und mit 4 Weberknoten-Strängen enden.
Auch zweifarbig sehen diese kleinen Sterne hübsch aus und stellen auf jeden Fall einen individuellen Weihnachtsgruß dar.

Kerzenhalter

Material: Sisaltau,
Manila 6, 8, 12 mm ∅
Die Fadenlänge für einen Kerzenhalter richtet sich nach der Stärke des Materials, dem Durchmesser der einzuknüpfenden Kerze und der Anzahl der beabsichtigten Lagen.

6 mm ∅: 1 x 3,50 m (4 Lagen), Kerze 5,5 cm ∅
6 mm ∅: 1 x 4,60 m (5 Lagen), Kerze 5,5 cm ∅
6 mm ∅: 1 x 6,70 m (6 Lagen), Kerze 9,0 cm ∅
8 mm ∅: 1 x 3,75 m (4 Lagen), Kerze 5,5 cm ∅
8 mm ∅: 1 x 5,10 m (5 Lagen), Kerze 5,5 cm ∅
12 mm ∅: 1 x 3,35 m (3 Lagen), Kerze 7,0 cm ∅
12 mm ∅: 1 x 5,50 m (4 Lagen), Kerze 9,0 cm ∅

Diese Kerzenhalter sind aus türkischen Knoten entstanden. Bevor man beginnt, umwickelt man beide Tauenden, damit sie sich nicht lösen. Nach der 3. Stufe steckt man die Schlingen zur besseren Übersicht auf dem Knüpfbrett fest.
Nun wird der Endfaden parallel und rechts vom Anfangsfaden bis zum Ende durchgezogen. Hierauf versucht man, beginnend mit dem Anfangsfaden, die einzelnen Lagen enger zusammenzuschieben, so daß die untere Öffnung immer kleiner wird. Dazu nimmt man den Knoten

in die Hand und formt ihn durch Nachschieben der Fäden so lange, bis die Kerze hineinpaßt. Anfangs- und Endfaden werden nach innen gelegt.

gebildet), hängt man 20 Fäden von 0,50 m Länge als Bart so doppelt ein, daß die Schlaufen auf der Rückseite liegen. Direkt darüber werden 5 Fäden von 0,25 m Länge als Schnurrbart eingehängt. Auf 1 Zusatzfaden von 0,40 m Länge werden 10 Fäden von 0,18 m Länge nach unten zur Stirn hin und 10 Fäden von 0,18 m Länge nach oben ineinandergehängt.
Beidseitig des Gesichts hängt man 7 Fäden von 0,25 m und 6 Fäden von 0,18 m Länge in den Ring an der Mützenspitze. Zum Schluß werden alle Fäden ausgefranst.

Weihnachtsmann

Material: Cordgarn 6 mm ∅
1 kleiner Holzring
2 braune Perlen
1 rote Perle

Fadenlänge:

4 x 2,50 m rot	Mütze
2 x 2,00 m rot	Mütze
2 x 1,50 m rot	Mütze
2 x 1,00 m rot	Mütze
12 x 1,50 m beige	Gesicht
20 x 0,50 m weiß	Bart
5 x 0,25 m weiß	Schnurrbart
20 x 0,18 m weiß	Stirn
14 x 0,25 m weiß	Seiten
6 x 0,18 m weiß	Mützenspitze
1 x 0,40 m weiß	Zusatzfäden
1 x 0,50 m weiß	Zusatzfäden

Gesamtlänge: 82 cm

In 1 Holzring hängt man 2 rote Fäden von 2,50 m Länge doppelt ein, knüpft 1 Weberknoten und nimmt in der 2. Reihe 2 Fäden von 2,50 m Länge hinzu, in der 5. Reihe 2 Fäden von 2 m Länge, in der 8. Reihe 1,50 m lange Fäden und in der 11. Reihe 1 m lange Fäden, so daß die rote Mütze in der 17. Reihe mit 5 Weberknoten endet. Diese werden mit Rippenknoten zu 1 Abschlußreihe verknüpft.
In diese Reihe hängt man nun 12 beige Fäden von 1,50 m Länge doppelt ein und knüpft 8 Reihen versetzte Weberknoten, wobei man 2 braune Perlen als Augen und 1 rote Perle als Nase einknüpft.
Alle Endfäden werden mit Rippenknoten zu 1 Abschlußreihe verknüpft.
Auf 1 Zusatzfaden von 0,50 m Länge, der unter der Nase durchgezogen und beidseitig befestigt wird (auf beiden Gesichtshälften wird 1 Halbkreis

Adventskranz

Material: Manila 6 mm ∅, 12 mm ∅
4 Kerzen (5,5 cm ∅)
Fadenlänge: 1 x 5,80 m (12 mm ∅)
1 x 12,00 m (6 mm ∅)
4 x 3,50 m (6 mm ∅)

Das 5,80 m lange Tau wird in mehreren Lagen zu einem Kreis von 25 cm Durchmesser gelegt und an 3 Stellen mit kurzen Fäden, die später wieder entfernt werden, umwickelt.
Im rechten Winkel zu diesem Kreis wird nun das 12 m lange Tau auf seiner Hälfte darunter festgesteckt. Ringsherum knüpft man feste und gleichmäßige Weberknoten und näht beide Enden unter dem Kranz fest.
Die Kerzenhalter aus türkischen Knoten (je 3,50 m) werden mit Draht auf dem Kranz befestigt.

Adventskreuz

Material: Sisaltau 6 mm ∅
4 Kerzen (5,5 cm ∅)
Fadenlänge: 2 x 1,00 m
4 x 2,50 m
4 x 3,50 m

Dieses kreuzförmige Adventsgesteck beginnt in der Mitte.
2 Fadenbündel von je 3 Fäden werden so zu 1 Würfelknoten verknüpft, daß je 1 kurzer Faden von 1 m Länge zwischen 2 Fäden von 2,50 m Länge liegt.
Hierauf knüpft man an allen 4 Seiten Weberknoten-Stränge aus je 7 Weberknoten, deren Arbeitsfäden an den Enden festgenäht werden.
Jeder Kerzenhalter aus 3,50 m langem Tau wird mit Draht befestigt.

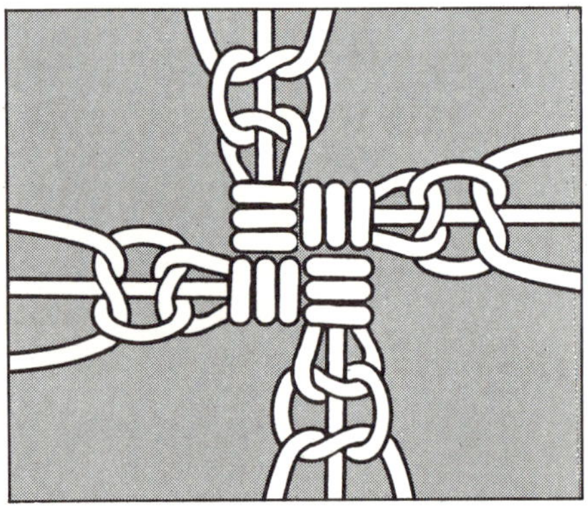

Kunstfertige Gehänge

Ring mit vielen Knoten

Material: Sisal 2fach, 2,5 mm ∅
Strohbindegarn 2,5 mm ∅
und 4 mm ∅
1 Ring 45 cm ∅

Dieser beknüpfte Ring, der viele Knoten und Knotenkombinationen enthält, soll zum kreativen Gestalten anregen.
Man beginnt von der Mitte aus. Dazu näht man sich einen kleinen Ring aus Garn von etwa 6 cm Durchmesser. Auf diesen hängt man die erforderliche Anzahl Fäden für den 1. Strang doppelt ein. Der Strang wird bis zum Rand des großen Rings geknüpft, und die Fäden werden mit Rippenknoten daran befestigt.
Einige Stränge gehen nicht von der Mitte aus, sondern sind in andere Stränge seitlich eingehängt.
Folgende Knoten und Knotenkombinationen sind enthalten (im Uhrzeigersinn aufgeführt):
Spiralförmiges Muster aus Rippenknoten,
Weberknoten-Strang mit 6 Fäden,
Weberknoten-Strang mit Picots,
Muster aus Rippenknoten in vertikaler Richtung,
Spiralknoten-Strang,
Weberknoten-Strang mit Erbsknoten,
Weberknoten-Strang mit runden Schlingen,
Josefinknoten-Strang,
Weberknoten-Strang mit wechselseitigen Picots,
Schiffchenknoten-Strang,
runde Motive aus Weberknoten,
Kronenknoten-Strang,
Weberknoten-Strang,
Frivolitéknoten-Strang in 2 Farben.

Wandbehang aus Strohbindegarn

Material: Strohbindegarn 4 mm ⌀
4 Bambusstäbe 44 cm lang
2 Ringe 15 cm ⌀
Fadenlänge: 20 x 8,00 m
1 x 3,00 m
Gesamtlänge (ohne Aufhängung):
1,45 m

Alle Fäden werden auf dem 1. Bambusstab doppelt eingehängt. Beidseitig knüpft man mit je 4 Fäden etwa 26 cm lange Spiralknoten-Stränge, die zwischen den Bambusstäben bis zum Schluß weitergeführt werden.
Mit 32 Fäden werden 6 Reihen versetzte Weberknoten gearbeitet, und in der Mitte wird der 1. Ring mit Rippenknoten halb eingeknüpft. Nach 1 Weberknoten mit je 2 Arbeitsfäden in der Ringmitte knüpft man das Motiv spiegelbildlich zu Ende.
Alle Fäden werden nun auf den 2. Stab geknüpft. Es folgen 6 cm lange Schiffchenknoten-Stränge mit je 4 Fäden, 1 Rippenknoten-Reihe und 1 Blattmuster, worauf das Motiv spiegelbildlich beendet wird.
Nach dem 3. Stab knüpft man mit je 8 Fäden versetzte Josefinknoten und arbeitet den 2. Ring ein. In der Ringmitte dreht man die Fäden umeinander und knüpft das Motiv spiegelbildlich zu Ende.
Nach dem 4. Stab werden versetzte Spiralknoten-Stränge geknüpft, die zur Mitte hin spitz zulaufen.
Mit einem 3 m langen Faden knüpft man einen Schiffchenknoten-Strang als Aufhängung.

Kleiner Wandbehang aus Strohbindegarn

Material: Strohbindegarn 2,5 mm ∅
Fadenlänge: 7 x 5,50 m
2 x 7,00 m
Gesamtlänge: 72 cm

Mit 1 doppelt festgesteckten Faden von 5,50 m Länge und einem 2. Faden darunter wird 1 Weberknoten geknüpft. In der 2. Reihe steckt man beidseitig 1 Faden doppelt fest und knüpft 2 Weberknoten. Dies wiederholt man in der 3. Reihe und knüpft 3 Weberknoten. In der 4. Reihe werden die beiden 7 m langen Fäden so festgesteckt, daß je 1 Ende zur Mitte hin 1,50 m und je 1 Ende nach außen 5,50 m lang ist. Man erhält 1 Reihe aus 4 Weberknoten.
Mit den beiden äußeren Fäden, die bis zum Schluß auch außen bleiben, werden Frivolitéknoten geknüpft, die seitlich in jede Raute einbezogen werden.
Nach der 4. Reihe Weberknoten folgen 3, 2, 1 Weberknoten und diagonal von außen nach innen 1 Rippenknoten-Reihe.
Nun teilt man die Fäden beidseitig in 3, 2, 1 und knüpft mit je 3 und 2 Fäden Rippenknoten-Stränge.
Es folgt die 1. Raute mit einem Josefinknoten aus 4 Fäden. Hierauf werden Rautenmotiv und seitliche Stränge wiederholt. In der 2. Raute dreht man die Fäden umeinander, in der 3. folgt 1 Würfelknoten mit 10 Fäden, in der 4. Raute 1 Josefinknoten, in der 5. Raute 2 Weberknoten und in der letzten 1 Spiralknoten-Strang. Den Abschluß bilden Frivolité- und Rippenknoten-Stränge.

Kleiner Wandbehang mit eingeknüpftem Glas

Material: Sisal 2fach, 2,5 mm Ø
1 Pillenglas 4 cm hoch
1 Zweig von 20 cm Länge
Fadenlänge: 12 x 1,50 m
Gesamtlänge: 22 cm

Auf einen Zweig werden 12 Fäden doppelt eingehängt. Mit je 4 Fäden knüpft man Spiralknoten und versetzt diese nach der 1. Drehung einmal, wobei mit den beiden äußeren Fäden Schlingenknoten geknüpft werden.
Nun folgen Reihen aus versetzten Weberknoten (6, 3, 2, 1 oder 6, 5, 4, 3 Weberknoten) und 1 Rippenknoten-Reihe diagonal von außen nach innen.
Beidseitig werden mit 3 Fäden Weberknoten mit kleinen runden Schlingen gearbeitet. In der Mitte knüpft man um 2 mittlere Leitfäden und das Pillenglas 6 Weberknoten und anschließend 2 Weberknoten unter dem Glas.
1 mittlere Rippenknoten-Reihe mit allen Fäden bildet den Abschluß.
Die Weberknoten beidseitig des Glases können zusätzlich mit unsichtbarem Garn befestigt werden.

Zwei Wandbehänge für Kalender

Material: Acrylgarn 2 mm ⌀
1 kleiner Kunststoffring
Fadenlänge: 10 x 5,00 m
1 x 1,20 m
Gesamtlänge: 76 cm

In diesen beiden Wandbehängen für Kalender sind viele Muster und Knotenkombinationen enthalten. Zwischen den einzelnen Motiven werden Rippenknoten-Reihen auf 15 cm langen Fäden geknüpft.

Linkes Kalenderband

1. Weberknoten-Stränge, Rippenknoten-Reihen diagonal von innen nach außen und von außen nach innen, 2 Perlen.
2. Versetzte Spiralknoten-Stränge.
3. Wellenförmiges Rippenknoten-Muster, Josefinknoten.
4. Schiffchenknoten-Stränge, Blatt-Muster.
5. Versetzte Weberknoten.
6. Versetzte Weberknoten, Rippenknoten-Reihen.
7. Weberknoten-Stränge, 2 Perlen, versetzte Weberknoten, 2 Rippenknoten-Reihen diagonal von außen nach innen.

Rechtes Kalenderband

1. Versetzte Weberknoten, Rippenknoten-Reihe diagonal von außen nach innen, Weberknoten-Stränge, Rippenknoten-Reihe diagonal von innen nach außen, versetzte Weberknoten.
2. Schiffchenknoten-Stränge, volle Rauten, 1 Perle.
3. 1 offene Raute, 1 Spiralknoten-Strang.
4. Schlingenknoten-Stränge, Blatt-Muster, 1 Perle.
5. Weberknoten-Stränge, versetzte Weberknoten, Weberknoten-Stränge.
6. Versetzte Weberknoten, Raute mit Cavandoli-Technik, 1 Perle.
7. Wellenförmiges Rippenknoten-Muster, Weberknoten-Strang mit wechselnden Arbeitsfäden.
8. Zwischen 2 Rippenknoten-Reihen 1 Reihe Rippenknoten in vertikaler Richtung.
9. Überhandknoten in unregelmäßigen Abständen.

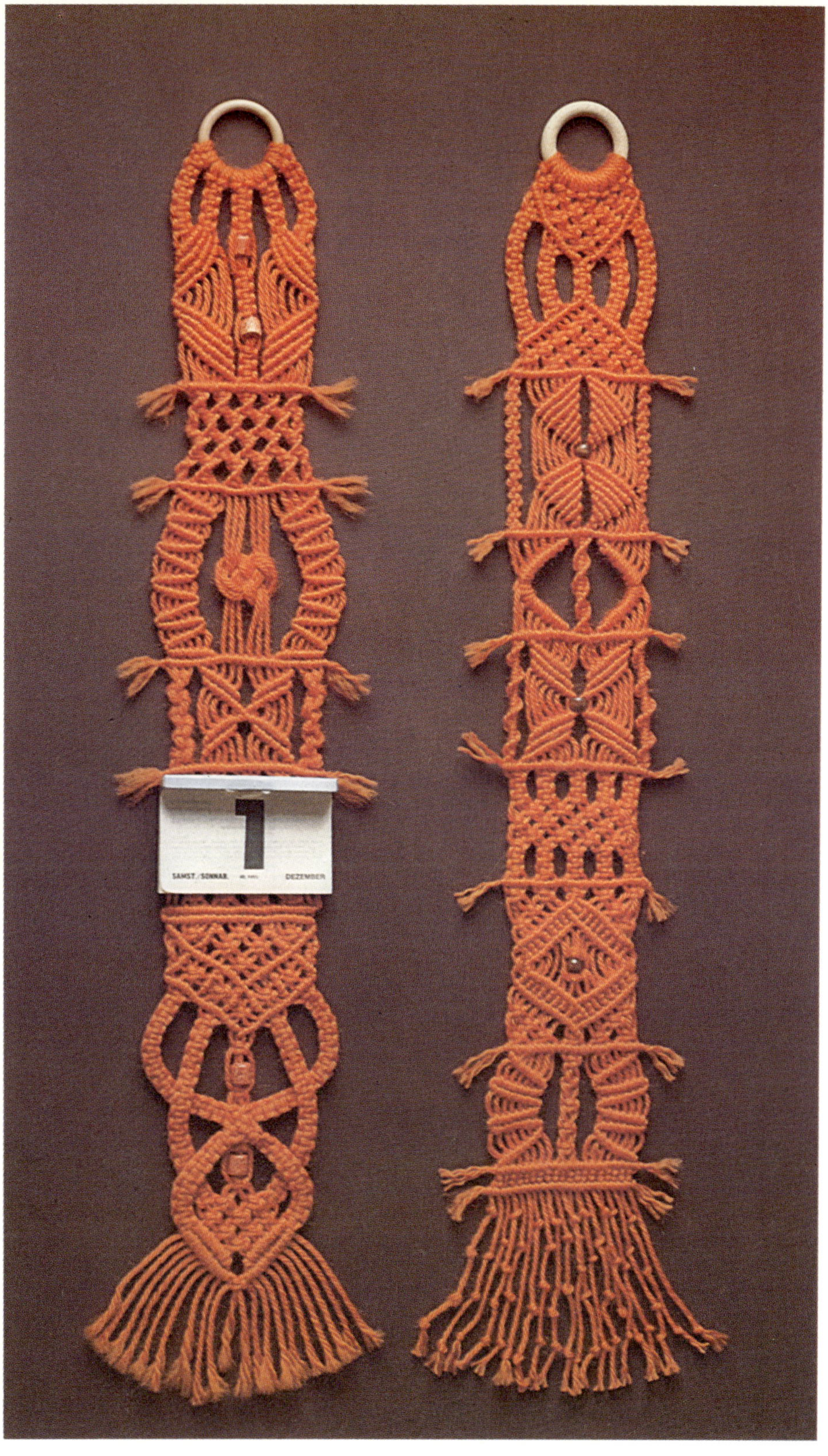

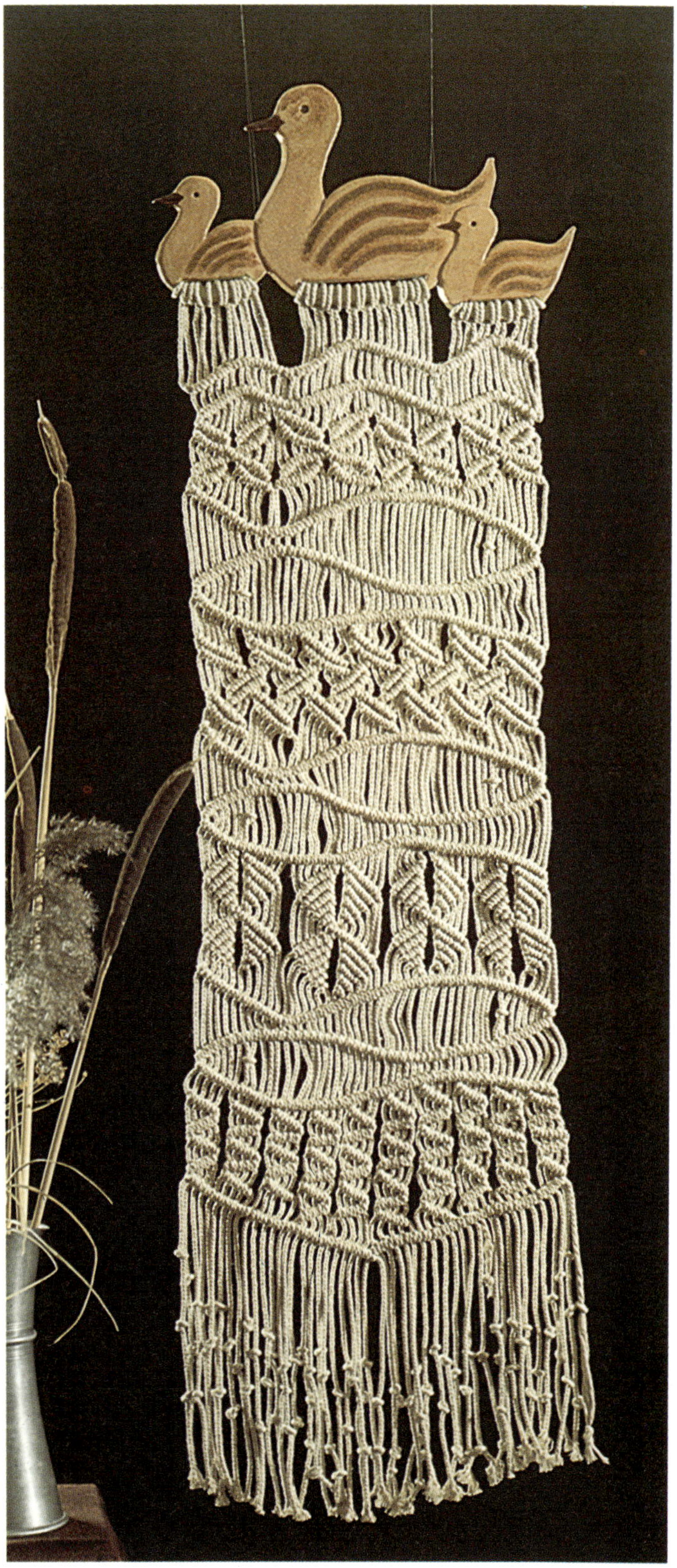

Wandbehang mit Keramikblumen

Material: Jute 6fach, 5 mm ⌀
1 Ring 10 cm ⌀
2 Keramikblumen
mit 4 Löchern
32 Keramikperlen
Fadenlänge: siehe Beschreibung
insgesamt 75 m
Länge: 1,40 m
Breite (unten): 37 cm

Auf einen umwickelten Ring werden 5 Fäden (5 x 6 m) doppelt eingehängt. Die erste Blume umknüpft man mit 1 Faden (1 x 5,80 m). Beidseitig des mittigen Frivolitéknoten-Strangs folgen die ersten Blätter (2 x 5,50 m) und die zweiten Blätter (2 x 5,30 m).
Die zweite Blume wird mit 1 Faden (1 x 4 m) umknüpft. Beidseitig folgen die dritten Blätter (2 x 2,60 m) und die vierten Blätter (2 x 2,40 m) sowie das letzte die Erde darstellende Motiv (1 x 2 m).
Als Wurzeln werden 32 Keramikperlen unregelmäßig eingeknüpft. Den Abschluß bildet 1 Rippenknoten-Reihe (1 x 0,45 m).

„Enten auf dem Wasser"

Material: Baumwolle 3 mm ⌀
Fadenlänge: 25 x 5,00 m
Länge: 1,10 m
Breite: 25 cm

Dieses Motiv beginnt mit 2 Wellen. Nach einem Blattmuster folgen 2 gegenläufig schwimmende Fische, ein Muster aus versetzten Rippenknoten-Reihen, Fische, ein Rautenmuster, Fische und ein wellenförmiges Muster.
Mit allen Endfäden werden in unregelmäßigen Abständen Überhandknoten geknüpft.

Keramik-Gehänge

Material: Bindfaden fest gedreht,
0,7 mm ⌀
Länge: 58 cm
Breite (unten): 39 cm

Bei diesem Motiv werden die einzelnen Keramikelemente durch Stränge aus Rippen-, Weber- und Beerenknoten miteinander verbunden.
Durch Einhängen zusätzlicher Fäden in den 2. und 3. Beerenknoten der unteren Stränge ergeben sich 3 verschiedene Größen.

Dreidimensionales Gehänge

Material: Baumwolle 2 mm ⌀
3 Ringe 10 mm ⌀
4 Ringe 8 mm ⌀
Perlen
Fadenlänge: 28 x 10,00 m
Gesamtlänge: 1,05 m

Dieses dreidimensionale Gehänge, für das sehr viel Zeit und Geduld erforderlich ist, besteht hauptsächlich aus Weberknoten-Kombinationen. Alle Ringe werden mit Rippenknoten eingeknüpft. Zusätzlich kommen noch Spiral-, Kronen- und Schlingen-Knoten vor.
Zuerst knüpft man mit 8 doppelt gelegten Fäden 1 Aufhängung aus Weberknoten und darunter 3 Kronenknoten.
Mit je 4 Fäden folgen 4 Weberknoten-Stränge, die nach 1 Erbsknoten in den 1. umwickelten Ring von 10 cm Durchmesser eingeknüpft werden. In diesen Ring hängt man verteilt 16 Fäden doppelt ein und knüpft abwechselnd Weberknoten-Stränge und ein Muster aus versetzten Weberknoten mit Perlen.
In den 2. Ring von 8 cm Durchmesser werden nun 8 neue Fäden doppelt eingehängt und darunter 4 versetzte Spiralknoten-Stränge geknüpft.
Das nächste Muster aus kleinen Rauten (mit 10 Fäden) und Weberknoten-Strängen mit Perlen (mit 4 Fäden) wird von Rippenknoten-Reihen (auf Zusatzfäden) eingerahmt.
Darauf folgen abwechselnd 8 offene Fäden und Weberknoten-Stränge (mit 6 Fäden).
Nach dem 3. Ring von 10 cm Durchmesser werden alle Fäden (nach etwa 7 cm) mit 1 Abbindknoten umwickelt.
Nun knüpft man große Erbsknoten als dekorative Schlingen und darunter versetzte Weberknoten – zuerst eng und dann etwas weitläufiger.
Nach dem 4. Ring von 8 cm Durchmesser folgen Weberknoten-Stränge mit einer Perlenkante in der Mitte und darauf 5 Reihen versetzte Erbsknoten. Das vorletzte Motiv wird wiederholt, und alle Fäden werden in den 5. Ring von 8 cm Durchmesser eingeknüpft.
Nun arbeitet man abwechselnd offene Rauten (mit 12 Fäden) und Schlingenknoten-Stränge (mit 2 Fäden).
Nach dem 6. Ring mit 8 cm Durchmesser werden 4 Rauten aus versetzten Weberknoten (mit abwechselnd 16 und 12 Fäden) geknüpft.
Es folgt der 7. Ring von 10 cm Durchmesser und Weberknoten-Stränge, die mit 1 Abbindknoten umwickelt werden. Damit diese ein Krönchen bilden, spannt man Fäden aus unsichtbarem Garn (vom Abbindknoten bis zum Ring). Unter dem Knoten enden 16 Fäden.
Den Abschluß bilden versetzte Weberknoten-Stränge mit Perlen, Spiralknoten-Stränge und 1 Rippenknoten-Reihe auf 1 Zusatzfaden. In die 40 Endfäden zieht man Perlen ein, die mit 1 Kapuzinerknoten gehalten werden.

Eingeknüpfte Urwaldwurzel

Material: Jute 3 mm ∅
1 Wurzel
1 Ast

Dieses sehr eigenwillige Gehänge beginnt mit dem Einknüpfen (versetzte Filetknoten) einer dicken Wurzel. Nach einem mit Rippenknoten eingeknüpften Ast folgen wieder versetzte Filetknoten, die in 1 Überhandknoten enden.
Alle Endfäden fallen lose herab.

Rautenmotiv

Material: Hanf 1 mm ⌀
1 aufgebogener Kleiderbügel aus Draht mit 25 cm Seitenlänge

Dieses symmetrisch angeordnete Rautenmotiv läßt sich nicht detailliert beschreiben, weil immer wieder Fäden gespannt oder neu eingeknüpft werden.
Zu Bündeln zusammengefaßte Fäden treten plastisch hervor und verleihen der strengen Rautenform barocke Elemente. Dazu tragen nicht nur die Spiral- und lockeren Weberknoten-Stränge bei, sondern vor allem auch die runden Motive aus Weberknoten.
Der obere Überhang wird separat geknüpft – aus versetzten Weberknoten-Reihen, die dann beidseitig in 3 Spiralknoten-Strängen enden.
Wer ein solches Motiv arbeiten möchte, sollte selbst experimentieren und eine eigene Aussageform finden.

Dunkler Wandbehang
Material: Sisal 2fach, 2,5 mm ∅
Fadenlänge: 9,50 m
Länge: 1,40 m
Breite: 0,70 m

Dieser symmetrisch angeordnete Wandbehang wirkt aufgrund seiner strengen Form sehr majestätisch und ruhig.

Wandbehang mit Wurzel

Material: Sisal einfach
Länge: 1,50 m
Breite: 0,50 m

Hier bildet die Knüpfarbeit eine Einheit mit der Wurzel.
Die Flächen werden aufgelöst und finden einen harmonischen Abschluß in Fadenbündeln.

„Hühnergötter" ▶

Material: Hanf 1 mm ∅
Länge: 1,20 m
Breite: 0,50 m

Jewgenij Jewtuschenko schreibt in seiner Erzählung „Der Hühnergott": „Ein Hühnergott – das ist ein Meeressteinchen mit einem kleinen Loch. Man sagt, die Krimtataren hätten geglaubt, daß ein solches Steinchen, mit einem Faden an die Hühnerstange gehängt, das Federvieh zu verbesserter Legetätigkeit ansporne. Daher auch der Name Hühnergott. Später kam der Glaube hinzu, ein Hühnergott bringe auch den Menschen Glück. Mir scheint, ein bißchen glaubt jeder an solche Glücksbringer: die einen mit kindlich-vertrauensseliger Offenheit, die anderen heimlich, mit mürrischer Verbissenheit. Ich glaube heimlich daran."

Neben Hühnergöttern wurde auch anderes Strandgut wie Seetang, Borke, Holz, Muscheln, Krabbenpanzer, versteinerte Knochen usw. mit Weber- und Rippenknoten, aber auch Überhand- und Filetknoten eingeknüpft.
Reusen und Fangnetze treten plastisch hervor, und runde Motive lösen wellenförmige Muster und diagonal angeordnete Flächen ab.

Großer Wandbehang

Material: Jute 24fach
Fadenlänge: alle Fäden 9,00 m
Länge: 2,40 m
Breite: 1,20 m

Ausschließlich aus Rippen- und Weberknoten wurde dieser großflächig angelegte Wandbehang geknüpft. Seine Motive fließen ineinander, wobei auch der diagonal eingeknüpfte Ast integriert wird.

Quellennachweis

Ägyptische Malerei, Arpag Mekhitarian, Skira-Verlag, Genf 1954
Die ägyptischen Altertümer, H. Kayser, Verlag Gebrüder Gerstenberg, Hildesheim
Untersuchungen zur ägyptischen Tracht im Alten Reich, Elisabeth Staehelin, Verlag Bruno Hessling, Berlin 1964
Götter und Pharaonen, Ausstellungs-Katalog des Roemer- und Pelizaeus-Museums, Hildesheim 1979
Sumer, Assur, Babylon, Ausstellungs-Katalog des Roemer- und Pelizaeus-Museums, Hildesheim 1978
Assyrian Palace Reliefs in the British Museum, R. D. Barnett, British Museum Publications Limited, 1976
British Museum Guide, British Museum Publications Limited, 1976
Sonnenkönigreiche, Victor W. von Hagen, Knaur, 1966
The Ancient Quipu of Peruvian Knot Record, Leland Locke, The American Museum of Natural History, 1923
Das Imperium der Inka, Safari-Verlag, Berlin
Alte Spitzen, Marie Schuette, Klinkhardt & Biermann, Braunschweig 1963
Alte Spitzen, Marie Schuette, Richard Carl Schmidt & Co., 1921
Handbuch der Spitzenkunde, Tina Frauberger, E. A. Seemann, Leipzig 1894
Handwörterbuch der Textilkunde aller Zeiten und Völker, Max Heiden, Berlin, Verlag v. Ferdinand Enke, Stuttgart 1904
Maschenstoffe in Süd- und Mittelamerika, Annemarie Seiler-Baldinger, Pharos-Verlag Hansrudolf Schwabe AG, Basel 1971
Textilkunde, A. Jaumann, Heinrich Killinger Verlagsgesellschaft, Nordhausen am Harz um 1940
Lehrbuch für Knüpfarbeiten „Edelweiß", Verlag Franz Ebhardt & Co., Berlin-Wilmersdorf um 1910
Geknüpfte Fransen, Bibliothek D.M.C., Editions Th. de Dillmont, Mulhouse, Frankreich, um 1910
Macramé, D.M.C. Library, Editions Th. de Dillmont, Mulhouse, Frankreich, 1971
Encyclopédie des Ouvrages de Dames, Thérèse de Dillmont, Mulhouse, Frankreich, 1886
Knüpf-Arbeiten, Agnes Thümmel, Verlag der Deutschen Moden-Zeitung, Aug. Polich, Leipzig 1910
Macramé, Die Sammlung Maurizio im Rätischen Museum, Schriftenreihe des Rätischen Museums Chur, Schweiz (Heft 22)
Macramé, Alyson Smith Gonsalves, Lane Publishing Co., Menlo Park, Kalifornien 1976
Introducing Macramé, Eirian Short, B T Batsford Ltd., London 1973
Macramé, the craft of knotting, Jacqueline Short, Blandford Press, Poole, Dorset, England, 1978
Macramé, Mary Walker Phillips, Pan Craft Books, London 1978
The Golden Hands Book of Macramé, Marigold Popplewell, Marshall Cavendish, London 1973

Bezugsquellen für Makramee-Bedarf

A. Thiemann GmbH
Schüttemeyerstr. 25
4440 Rheine

Lentz GmbH
Lange Umbrüche 19
7274 Haiterbach 1

Adolf Lohmann & Sohn
Tauwerkfabrik
Cuxhavener Str. 32-34
2104 Hamburg 92

Bastel-Studio Ehlers
eigene Seilerei
Brückenstr. 3
3118 Bad Bevensen

Heinrich Dollenberg
Seilermeisterei
Bergstr. 37
3100 Celle